ernst jandl
werke in 6 bänden

ernst jandl
werke 1

ernst jandl
werke in 6 bänden

herausgegeben von Klaus Siblewski

werke 1

Luchterhand

Inhaltsübersicht

Andere Augen 5
Laut und Luise 85
sprechblasen 279
verstreute gedichte 1952–1965 373
aus ordnern und mappen 1 511
Anhang 567
Inhaltsverzeichnis 585

Andere Augen

Immer wieder

Es kann alles noch sein.
Noch nie war das Schlimmste ganz da.
Wir haben noch Augen, zu schauen.
Wir haben noch Arme, Häuser zu bauen.
Aber das Schlimmste ist immer ganz nah.

Für uns kann alles noch sein.
Manches, was man nicht hat, wird man noch haben.
Alles wird aus sein, was man noch haben kann.
Aber immer wird irgendwo einer im Schutt graben
und die Stirn und den Arm finden von einem steinernen Mann.

Es wird alles noch sein.
Es wird alles noch aus sein.
Aber immer wieder wird einer noch Mut haben
und sagen: »Fangen wir an!«
Und es wird wieder ein Haus sein.

Straßenbau

Die Männer mit den Armen
zerschlagen die alten kaputten Straßen
und bauen junge Riesenstraßen
für die Männer mit den Ärmeln.

Die Männer mit den Armen
waren bei einem alten Mann, der eine blaue Nadel hatte.
Der stach ihnen Bilder in die Brust und den Arm:
einen Anker, ein Herz, eine junge Frau, einen Vogel im
Flug, ein Schiff.

Die Männer mit den Armen
rufen manchmal »Hallo!« den andern zu.
Die haben sich in den Ärmeln versteckt.
Die geben den Gruß nicht zurück.

Da lachen die Männer mit den Armen
und die Vögel lachen, und die junge Frau
und das Schiff fährt über den jungen Riesen
und sein Anker hüpft scheppernd hinter ihm drein
und die Frau beißt vom Lebkuchenherzen ab
und wirft den Vögeln Brocken zu
die fangen die Vögel im Flug.

Da lachen die Männer mit den Armen
und spucken der jungen Riesenstraße
in ihr lachendes, bartloses Gesicht.

Untergrundbahn oben

Ich sitze still auf einer Polsterbank
und schaue drei Minuten zwischen Grau und Grau
und Zeitungen, die sich entfalten
und Stehfahrgästen, die lange Stangen in den Händen halten
ins Grüne und ins Blaue.

Ich sitze still auf einer Polsterbank.
Die Welt bewegt mich.

Der Knabe und die Straßenbahn

Immer fährt so ein kleiner
rothaariger Knabe
auf dem Trittroller neben
der Straßenbahn her.
Plötzlich dreht er und fährt
in die andere Richtung
und weiß auf einmal
genau, was er tun muß,
um die Straßenbahn zu überholen,
auch wenn er bloß ein kleiner
rothaariger Knabe
auf dem Trittroller ist.

Aussichtsloses Gesuch

Rasende Käfer
Motorräder und Roller
haben aus mir einen Lärmkäfig gemacht.

Schöne Herren
Musikanten vom Wohnungsamt
gebt mir ein stilles Zimmer.

Stilleben

Ich habe meinen Kugelschreiber, der rot-blau schreibt,
auf die Zündholzschachtel gelegt.
Das ist aufregend wie die Feuerwehr,
verglichen mit dem Schreibpapier daneben.

Das gelang mir nach dem Versuch,
einen großartigen Gedanken zu haben.
(Ein Blatt Papier starb dabei an einem Ausschlag
von häßlichen blauen Buchstaben.)

Das Ohr

Hallo, ich bin das Ohr.
Können Sie mich hören?
Ich imitiere
den Schlag der Uhr.

Und jetzt
versetzen Sie sich bitte auf die Straße.
Ich bin Pferd
und Milchwagen.

Mein Kollege
liegt auf Ihrem Arm
und schläft schon.

Gestatten Sie,
daß ich mich zurückziehe
in Ihren Wecker.

Dreiblättriger Klee

Ich pflücke dich auf der sonnigen Wiese
und lege dich in mein Notizbuch
damit du mir Glück bringst, dreiblättriger Klee.

Oder ist Glück eine Ausnahme
ein vierblättriger Sonderling
auf einer sonnigen Wiese voll dreiblättrigem Klee?

Einmal ist die Freude

Einmal ist die Freude so groß
daß sie die Zeit beim Genick packt
in einen Sack steckt
und in den Fluß wirft.

Der Fluß, den die Quelle erzeugt und das Meer bestätigt
ist nicht die Zeit
sondern ein Größeres.

Die Katze, die den Fluß entlangläuft, ungehört
geduckt und von Büschen gedeckt
ist die Zeit hinter Mäusen.

Einmal ist die Freude so groß
daß sie die Zeit beim Genick packt.

Verweintes Fenster, trockne dein Gesicht –
ich strahle.
Kauernder Celsius, streck dich, streck dich –
ich strahle.

Einmal ist die Freude
Einmal ist die Freude so groß
Einmal ist die Freude
Einmal ist die Freude so groß

Während wir warteten

Während wir warteten,
trat eine Frau in den Garten. Frau,
sagte da einer von uns. Die Frau
sah herüber zu uns. Frau,
dachte da jeder von uns. Die Frau
lachte herüber zu uns. Jeder von uns –
aber die Frau
drehte sich weg und ging aus dem Garten.

Kärntnerstraße

Zwischen Opernkreuzung und Stephansplatz
zieht ihr den Spiegel an der Wand und Rosenwangen
aus dem Krokodil der Handtaschen,
ihr Wundersamen.

Süße Lippenblütler,
ertrinken Drohnen in eurem Honig?
Hacken euch die Raben,
die über ihren schwarzen Flügeln Ärmelschoner tragen?

Wilde Wanderblumen
zwischen Kompost und Sommerstürmen,
steckt eure Blüten, bis sie aus der Mode kommen,
auf unser graues Straßenkleid.

Frau im Fenster

Die Ellbogenkönigin auf dem Fensterbrett
frißt mit den Scheunenaugen allabendlich
sämtliche weizenreifen Mädchen
des von ihr beherrschten Straßenstücks

drischt sie aus und findet in ihnen lauter
schwarze Körner, die selbst für die Tauben
die sie auf dem Fensterbrett allmorgendlich
freundlich bewirtet, ungenießbar sind.

Unter anderen

Der Mann sucht
die Frau
mit seinen Augen und
mit seinen Händen
und geht durch Straßen
(Leicht zu finden
sagen andere)

Der Mann sucht
die Frau
für seine Augen und
für seine Hände
für seine Augen und
für seinen Mund

der Worte sprechen möchte
die schwer zu finden sind
unter anderen.

Eine Aschantinuß für dich

Der Ofen verzehrt die Reste eines Fisches.

Seit dem Ende des Mahls, das partnerlos
und daher ohne jedes Zeremoniell
(wie es sogar unter ärmlichen Paaren der Brauch ist)
vor sich ging
knacke ich die dünnen Schalen von Aschantinüssen auf
unentwegt kauend.

(Ich weiß, es wäre gesünder
sich mit geringerer Teilnahme zu betrachten;
auch wäre es gesünder
in einem weniger durchwärmten Zimmer zu übernachten;
auch wäre es gesünder
den Verzicht auf Tabak nicht durch Schnapsgenuß
zu erleichtern;
auch wäre es gesünder
sich über die Gesundheit weniger Gedanken zu machen.)

Wieviel Eigenliebe enthält schon das Wort
dünn im Bericht dessen, der Aschantinüsse aufbricht
um die kleinen weißen Kerne in der braunen bitteren
spröden
Haut zu zerbeißen

wieviel Eigenliebe liegt auch in der Wartung eines Ofens
in Erwartung der Ausdehnung der thermometerlichen
Quecksilbersäule
in den Schaufensterblicken, die vor dem
Schnapskauf Preise vergleichen und Steuerprozente
dazuschlagen
im Aufschlitzen eines fetttriefenden
Fisches, der wie Gold glänzt und auf einem Stück
Pergamentpapier
alles über sich ergehen läßt, weil er nicht in seinem
Element ist

wieviel Eigenliebe liegt in diesen kleinen täglichen
Handlungen, mit
denen man versucht, sich einen Ersatz des Mütterlichen
ins Leben zu
schwindeln

wieviel Liebe ließe sich augenblicklich gewinnen, wenn
sich jetzt
eine Aschantinuß für dich
aufbrechen ließe.

Angelegenheit

Atme ich?
Atme ich, wenn du hinter mir stehst?
Warum merke ich, daß du hinter mir stehst?
Warum kannst du dich mir nicht nähern wie einer feierlichen Angelegenheit?

Freilich:
Ich bin kein singendes Kirchenschiff.
Ich bin keine atmende Posaune.
Ich bin bestenfalls eine Ziehharmonika im Wirtshaus,
deren Musikalität man bezweifelt.

Obwohl mir also der Sinn für das Feierliche abgeht,
beneide ich deinen atmenden Erzengel,
weil hinter ihm du stehst und denkst:
o läge ich noch in deiner Schaukel,
Atmendes.

Vier Versuche zu definieren

Meine Liebe
ist der Schmerz meiner zeitweisen Abwesenheit von dir.

Meine Liebe
ist das Lachen beim zeitweisen Wiedersehen mit dir.

Meine Liebe
ist das Aufsagen unbedeutender Worte vor dir.

Meine Liebe
ist der zeitweise ungläubige Thomas in mir.

Notizen

I

Den hustenden Tag im Rücken und den Wind
der aus dem Überschwemmungsgebiet zieht,
wo die Häuser auf einmal hoch sind,
seit man sich ihrer erinnert,

und die Füße baden in der lauen Gischt,
die aus dem Feuer fließt (wir sitzen
nicht auf dem Bootrand)

und die Stühle werden breiter vom Vertreiben
der gleichen Zeit wie im vorigen Jahr
mit Konversation und verspäteten Witzen.

II

Wir planen, was war, in geraden Linien
mit Abfahrts- und Ankunftszeiten und streichen
mit der inneren Hand die Seiten
des verknitterten Fahrplans glatt

und besprechen, was alles sein wird,
genau und mit Vorsicht (wir können
uns an alles, was sein wird, noch so gut erinnern)

und halten uns strikt an den gültigen neuen
immer gleich alten Fahrplan
mit Wie und Wo und vorausbezahltem Warum.

III

Unser Leben ist eine zweifelhafte Kraft,
wenig erforscht, vielleicht wenig erforschbar,
Kraft, da Voraussetzung unserer sogenannten
Kräfte:

ein Arm bewegt sich, ein Herz
schlägt (eine weitere
Kraft erträgt das)

wenig dauerhaft,
keinesfalls speicherbar wie Getreide, wie Keilschriftzylinder
schwer entzifferbar.

IV

Das sind Feststellungen, Zeugnisse der Ungeduld,
Erzeugnisse der Unruhe.
Das sind Steine, die sich schlimmstenfalls
als Meilensteine verkleiden.

Das Feste wird nicht befestigt.
(Feste fallen und werden
nicht mehr gefeiert.)

Das Lose wird nicht befestigt. Bestenfalls
von Entschluß zu Entschluß
verschoben.

Hochzeitslied

Eine rechte Hand
in einer rechten Hand
da gehören zwei dazu
zwei rechte Hände
und an der einen ich
und an der andern du
da gehören zwei dazu
ein Ich und ein Du.

Ich geb dir meinen Namen
und steck dir einen Ring an
du steckst mir einen Ring an
in Ewigkeit Amen.
Im Hintergrund die Damen
halten sich vor die Augen
seidene Taschentücher
mit Monogrammen.

Wir haben Gott zum Zeugen
jedoch zum Unterschreiben
vor dem Beamten
zwei unserer Bekannten.
Wir haben Gott zum Zeugen
jedoch als Gratulanten
graue Elternreste
und teegefüllte Tanten.

Wir werden am Büffet
vor glacierten Torten
nebeneinander aufgestellt
und lebengelassen
und verabschiedet
mit freundlichen Worten
und alleingelassen
und ausgezählt.

Eine rechte Hand
in einer rechten Hand
da gehören zwei dazu
zwei rechte Hände
und an der einen ich
und an der andern du
da gehören zwei dazu
ein Ich und ein Du.

Belvedere

Der Wind spielt Fluß mit der Haut des Teiches.
Er kommt durch das Tor mit den Löwen,
zerbricht dem Wasser den Spiegel des Schlosses
und reizt es: erreich es!

Ein Meister der Gleichzeitigkeit,
zieht er durch das Tor mit den Löwen,
reibt sich an den Wangen grünbärtiger Bäume
und empfängt sich an der Wand des Schlosses.

Solang er mit der Haut des Teiches Fluß spielt,
saugt er aus der Fassade des Schlosses
den Geschmack eines oft wiederholten Kusses
und kümmert sich nicht um gereiztes Wasser,
dem der Rand des Teiches zu hoch ist.

Ein Meister der Gleichgültigkeit,
reibt er sein Kinn an der Stirn des Schlosses,
greift über auf die Stadt hinter den Schultern des Schlosses
und kümmert sich nicht um gestrandetes Wasser
im Sand vor den Stufen des Schlosses.

Februar

Festgetreten und hölzern
Schnee aus Parkett – Sommer aus dem Ofen –
Konservenfischfang –
ein Steilhang zerbrochener Gedanken.

Im Fenster, neben der Kuh in der Flasche
gackern zwei Hühner die Geburt ihrer Söhne
Kühlhauseier im Papiersack
in den finsteren Himmel der Winternacht.

Junge Zweige, auf dem Weg verstreut

Morgen
ist vielleicht Nacht.

Oft werden ganz schmale Bäume
zur Säge gebracht.

Knospen an verstreuten Zweigen
sind hart und klein.

In schweren Schuhen kommen die Bauern
und treten sie in die Erde hinein.

Herbstlaub am Rand des Frühlings

Herbstlaub am Rand des Frühlings,
der durch die Sträucher preßt,
daß die Knospen aufspringen – wozu
hast du widerstanden?

Braun und zerbrechlich hängst du
in der Sonne, die dich nichts angeht,
zerrissen zu werden vom Sturm, der bevorsteht – wozu
hast du widerstanden?

An diesen sonnigen Tagen

An diesen sonnigen Tagen
steigen wir in die Schächte ein.
Verschüttete Mythen schlagen
wir aus dem Stein.

Wir haben nur das Licht
aus den Funken der eisernen Hauen.
Das zeigt: wir haben das Schauen,
aber nicht die Sicht.

Ob sie uns je werde?
Es gibt kein Ja und Nein
für Grabende in der Erde.
Aber es klingt der Stein.

Sommer

Auf Koffern im Wartesaal verfroren sitzend,
zählten wir Wochen an kaum bewegbaren Fingern,
sagten: wenn Sommer ist, und dachten
Tagen nach, die wir in Wiesen verbrachten.

Nun es so weit ist, müssen wir erkennen,
daß unsere Städte nicht für den Sommer gebaut sind.
Auch sind wir zu lang nicht mehr auf Wiesen gelegen.
Auch ist die Sonne zu ruhig. Wir denken an Regen.

Wildes Wiesenstück

Nur durch Ausschaltung anderer Arten zu schauen und
anderer Arten zu wissen, was du siehst,
kannst du behaupten, daß dieses Wiesenstück
wild ist und üppig.

Unzulänglich im Sinn des Kornfelds
schlampig im Sinn des Blumenbeets
vergänglich nach dem Zeitbegriff der Bäume
ist dieses Wiesenstück dir

nicht vielleicht Inbegriff an Wurzeln gehaltenen
auf Eskapaden verzichtenden
nur in der Kraft des Windes beweglichen
trieblosen Lebens,

sondern ein Beispiel maßloser Fruchtbarkeit, die
aus Erde dieses Wiesenstück erzeugte
das du wild nennst und üppig, weil du ihm
deinen Körper leihst, den Wünsche erzeugten.

Der kleine Garten

Er arbeitet vor seinem Haus
an Blumen, die Sonne im Rücken,

richtet sich manchmal auf,
wischt die Stirn trocken und schaut

dem Himmel zu, dem Wind an den Bäumen,
einer Fahrradkolonne,

hat dann wieder sein Haus
mit dem Garten davor, den Blumen,

und gräbt weiter im Schatten.

*

Er stellt eine liebe Freundin
jedes Jahr vor den blühenden Kirschbaum,

um sie ins Album zu kleben
und sich ein Leben zu sammeln,

wie manche Blüten aufheben,
wenn der Kirschbaum verstreut ist.

*

Er arbeitet an seinem Garten,
damit er anders werde,

nach Gesetzen des Radiogärtners
und des Wettbewerbs unter Nachbarn,

gräbt einen Knollen ein,
damit er anders werde

nach den Gesetzen des Lichts
und des Wettbewerbs unter der Erde.

*

Er arbeitet vor seinem Haus
und versucht mit dem rasselnden Grasmäher

sich aus dem Netz zu befreien,
das ihn am Morgen fängt

und abends voll Stacheln hängt
aus Vogelschreien.

*

Er schaufelt Zeit in die Erde
und aus der Zeit wird Gras

und aus der Blüte die Hummel
und aus dem Honig die Frucht

und aus dem Herbst
und aus den Herbstzeitlosen

Dezember-Erde.

Nach dem Schnitt

Ein längst hinfälliges
Wegkreuz im Fall. Langsamer
Mühlen Drehorgelgekreisch mahlt nicht
allen Weizen.
Überall stehen noch Halme aufrecht mit schweren Köpfen,
sehen die Mühlen zu Staub zerrieben zwischen Steinen,
sehen die Kreuze zu Staub zerrieben zwischen Steinen,
überall stehen noch Halme aufrecht,
warten und heben sich auf für den
wirklichen Winter.

Von alten Bergen

Groß sind alte Berge.
Die tragen ihr Kreuz gut,
mit dem Mut von Ameisenhaufen
und vergrabener Särge Mut.

Beethoven, Rembrandt, Goethe
befährt man im Sessellift
bis zum Gipfelkaffeehaus,
wo sich die Skatpartie trifft.

Man hat ihnen Fauna und Flora
geschoren wie Toten den Bart.
In Zoo, Museum, Naturschutzpark
werden sie verwahrt,

begossen aus Gärtnerkannen,
in Spiritusgläser gesteckt,
am Sonntag mit Zucker gefüttert
und mit Spiegelscherben geneckt.

Mit dem Mut von Ameisenhaufen
und dem Mut vergrabener Särge
tragen gut ihr Kreuz sie und sind kalt
wie große alte Berge.

Reiseberichte

Ich bin bei Nacht
von Wien nach Paris
gefahren und habe
mich von mir nicht verabschiedet.

Als ich in Paris
aus dem Zug stieg, stand
ich schon auf dem Bahnsteig
und streckte meine Hand aus.

Als ich in London
aus dem Zug stieg, lief
ich hinter mir her
und sprang mir auf den Rücken.

Der Taxichauffeur
sah mich kopfschüttelnd an.
Ich mußte mich ungewöhnlich
tief bücken.

Seither sitze ich
mir gegenüber
wie bei einer stehen-
gebliebenen Jause.

Wir vertreiben uns die Zeit,
indem wir mir
gemeinsam Briefe
nach Hause schreiben.

Schottisch

Einen Namen kann ich geben, aber dem Berg nicht,
auch den Blumen nicht, auch nicht den Schafen;
einen Namen kann ich geben, aber nur einem, der auch spricht,
mir, dir, oder dem Hirten, doch der

dreht den Kopf und nimmt ihn nicht.
Wir zucken die Achseln und gehen weiter,
reden, reden vorbei und drehen
Worte.

Hinter uns bleibt der Hirt.
Hinter uns bleibt der Berg, schweigsam.
Hinter uns blühen Blumen.
Schafe grasen.

Bergkrähen

Aus meinen Händen, die
das Fenster schlossen,
seid ihr geflogen, wohin
ich zu folgen nicht imstand bin.

Daß ihr gerastet habt
in meinen Händen
ist kaum zu fassen.

Ihr seid die schwarzen
Bergkrähen geblieben,
mit glänzendem Gefieder
und sicheren Flügen.

Ich bin zuletzt
beim Fenster geblieben.
Bitte schließen, es zieht! rief
der Nachbar im Zug.

Herbst

Auf die Wege der halben Kastanienschalen
fallen Blätter. Ab hier
wird die Dämmerung über die Bäume kommen
und über die Häuser. Mir wird kalt.

Auf den Bänken im gelben Park
sitzen die Alten. Sie
haben die Sonne schief im Gesicht
und beschenken sich mit schönen Herbsttagen.

An den trockenen Blättern meines Kalenders,
weiß wie Asche, klebt
ein doppelter Frühling : der eine
gilt nicht mehr, der andere gilt noch nicht.

Laßt uns die Zeit verkürzen!
Ruft den Kohlenmann an!
Schaut weg, wenn ihr seht, wie ein Kind
noch mit Kastanien spielt.

Oktobernacht

Sessel, bring mir einen Gast.
Tisch, bring mir ein fröhliches Mahl.
Lampe, zeig mir ein freundliches Gesicht,
nicht mich im Spiegel. Spiegel, dreh dich zur Wand.

Sessel, bring mir einen Gast.
Tisch, bring mir ein fröhliches Mahl.
Fenster, geh auf in ein wärmeres Land.
Koffer, nimm mich bei der Hand und flieg mich nach Ägypten.

Sessel, bring mir einen Gast.
Tisch, bring mir ein fröhliches Mahl.
Telefonvogel, sing für mich.
Oder bring mir einen kellertiefen Winterschlaf, Bett.

Elegie

Die Zeit ist lang und leer
und läuft rasch.
Man geht an ihr vorbei
und kommt nicht mit.

Die Tage werden kürzer.
Die Sonne scheint weniger stark.
Die Tage von andern
sind noch sommerlich lang.

So viele andere sind
angenehm, doch fremd.
Man schaut in ein Gesicht
und wird nicht bekannt.

Man tastet sich zurück
und sieht von einer Bank
Kinder mit einem Ball.
Stundenlang kann man alt sein.

Einlaß zu finden

in eine Art Mutter
die umschließt ohne Ausgang und Ende
wie ein Berg

in eine Art Berg
der atmet und dunkel und schwer ist
wie eine Mutter

in eine Art Mutter
in eine Art Berg

ohne Geburt
ohne Bergwerk

Herz

Bis in die Finger
jagst du deine Schläge
bis in die Finger
Schlagendes

Bis an die Schläfen
jagst du deine Schläge
bis an die Schläfen
Schlagendes

Bis auf die Fingerspitzen
treibst du die Erwartung
doch du kannst sie nicht ins Leere stürzen

Bis an den Abhang der Schläfen
treibst du die Erwartung
doch du kannst sie nicht ins Leere stürzen

Bis in die Finger
trägst du deine Klage
Geschlagenes

Bis an die Schläfen
trägst du deine Klage

Zeichen

Zerbrochen sind die harmonischen Krüge,
die Teller mit dem Griechengesicht,
die vergoldeten Köpfe der Klassiker –

aber der Ton und das Wasser drehen sich weiter
in den Hütten der Töpfer.

November

Im oberen Stock
spielt ein Cello
stundenlang.

Es wird dunkel im Zimmer.

Ich bin umstellt.

Ich, der Kasten.
Ich, der Schreibtisch.
Ich, das Sofa.
Ich, das Bett.

Das ist meine Gegenwart.
Das sind meine Erinnerungen.

Im oberen Stock spielt ein Cello.

Im Ofen verbrennen im Feuer
neuester Nachrichten schwarz auf weiß
beendeter Tage die Quellen
geduldiger Harzsammler Tagschichten und Nachtschichten
der Bergarbeiter.

Es wäre jetzt dunkel im Zimmer.

Wenn ihr nachts

Wenn ihr nachts
von den Hufen der Pferde gestört seid
klagt und beweint

die Züge junger Krieger
gebunden an die Schweife von Rossen
die Gesichter zur Erde.

Ikarus

Er flog hoch
über den anderen.
Die blieben im Sand
Krebse und Tintenfische.
Er flog höher
als sein Vater, der kunstgewandte
Dädalus.
Federn zupfte die Sonne aus seinen Flügeln.
Tränen aus Wachs tropften aus seinen Flügeln.
Ikarus flog.
Ikarus ging unter.
Ikarus ging unter
hoch über den anderen.

Der große Fahrplan

Der Pflug hat seine Bahn
beendet, wie sie angefangen hat.
Die steilen langen Züge seiner Schrift
zerbricht der Wind. Die Sonne gilbt, der Regen gerbt das Blatt,
auf dem er für die Wolken und die Vogelschwärme
den großen Fahrplan aufgezeichnet hat,
die Routen und Stationen aller Reisen um die Erde,
das schwere Eisen zwischen Hand und Hand.

Andere Augen

Andere Augen müssen den Menschen,
andere Augen die Blume ansehn.

Neben der Blume kann der Mensch
nicht lang stehn. Blumen im Glas
duldet er einige Tage. Länger
dulden sie ihn nicht. Besuche
zu entfernter Verwandter
machen verlegen.

Neben die Kraft aber soll sich der Mensch
stellen. Damit gewiß wird, wer
der Stärkere ist. Damit dem
Schwachen Hilfe zuteil wird.
Damit die Verwandtschaft
nützt.

Vom Reisen und vom Zuhausebleiben

Wird es gelingen, ein Netz
um die Erde zu spannen
aus den Drähten elektrischer Reisen
zwischen Eisenbahnknotenpunkten,
aus den Luftfahrtlinien
in den blauen Wiesen des Himmels,
aus den Furchen im grünen Feld
der Ozeanriesen?

Die meisten bleiben zu Haus.
Einige reisen.
Die treibt der Eiswind
oder es treibt sie das Fieber.
Einige reisen.
Einige reisen weit.
Aber die meisten bleiben zu Haus
lieber, sagt man.

Ich möchte Kathedralen sehen und Paläste,
in schmutzigen Lokalen das Bier der Einheimischen trinken,
ihre Waren drehen und wiegen in den Händen,
ihre Worte verstehen, ihre Worte selber verwenden
zu sagen: ich bin von euch, bis sie sagen: er sieht aus
wie einer von uns, es ist überhaupt kein Unterschied:
komm mit, ich hab ein Haus, du kannst dort aus und ein gehen,
du kannst dich dort ausruhen, du kannst dort übernachten.

Aber die Häuser bleiben abgeschlossen.
Nur die großen Häuser,
die für alle da sind,
werden besucht von Menschen,
die einander nicht nah sind.
Aber die kleinen sind
eines für dich und eines für mich
aber für uns beide gemeinsam keines.

Ich möchte mir ein Haus bauen mit schönen Zimmern
meine Freunde einladen und fragen, wie gefällt euch das?
oder wenigstens eine Wohnung haben mit schönen Zimmern
meine Nachbarn einladen und fragen, was sagt ihr dazu?
oder wenigstens ein Zimmer haben, wo ich ganz allein sein kann
ohne Freunde, ohne Nachbarn, mit dem Blick über die Dächer
zu den Kuppeln, zu den Türmen, zu den Bergen in der Ferne
oder wenigstens die Berechtigung bestätigt vom Wohnungsamt.

Aber was nützt mir ein Dach mit vier Wänden,
die mir die Aussicht verstellen,
wenn es draußen nicht aufhört zu rufen:
komm heraus, komm heraus!
Was nützt mir ein Haus, das einer
Straße im Weg steht?
Ich bin Magistrat, ich ordne an:
dieses Haus wird eingeebnet.

Ich möchte nämlich noch einige Zeit
weitergehen.
Ich möchte noch einige Meilen
hinter mich bringen.
Ich möchte in einem Chor stehen, ganz weit hinter dem
Orchester,
und mitsingen in der letzten Reihe.
Ich möchte, daß sich plötzlich alle
die Hand geben.

Schale und Kern

Viele meinen, daß die Welt mit Gutem
voll ist und mit Bösem.
Sie schauen die Welt an wie eine Frucht
aus Schale und Kern.

Ob aber der Kern das Gute und die
Schale bös ist oder umgekehrt,
darüber besteht anscheinend
keine Einigkeit.

Sonst würden nicht alle den Kern preisen
und von der Schale sich nähren.
Sonst würden sie die Schale in jedem Fall
vom Kern lösen.

Ausgleich

Menschen wägen auf verschiedene Weise.

Manche füllen abwechselnd die eine und die
andere Schale an:
oben und unten muß es geben.

Andere füllen beide Schalen zugleich und
gleichmäßig an:
jedes Ding hat ein anderes Ding daneben.

Beide haben die gleiche Waage.

Beide nennen es Ausgleich.

Hundegespann

So brechen wir auf und jagen auseinander.

Einer sucht sich Norden aus und spannt die Hunde vor den Schlitten.
Einer sucht sich Süden aus und spannt den Schlitten vor die Hunde.

Einen trifft im Norden das Eis, und es zerbricht ihm die Hunde.
Einen trifft im Süden das Eis, und es zerbricht ihm den Schlitten.

So fallen wir zusammen.

Wer fragt schon

Klar, daß sie etwas suchten
zu ihrer Zeit.
Wer fragt schon, was.

Sie wurden vom Regen verregnet.
Sie wurden vom Schnee beschneit.
Wer fragt schon, wozu.

Sie hatten ihren Spaß.
Sie hatten ihr Leid.
Wer fragt schon, wodurch.

Sie konnten fluchen.
Sie konnten lachen.
Wer fragt schon, warum.

Vom Gehen, Messen und Greifen

Gehst du Tiefen suchen,
such in dir selbst.
Du kannst getrost atmen,
solang das Lot fällt.

Miß dich nicht an Bäumen.
Die sind zu groß und frei.
Lieber miß dich am Käfer,
den du tratst zu Brei.

Greif nur nach oben.
Du stößt nicht an.
Aber laß den Fuß dort
wo er stehen kann.

Etwas bleibt offen

Etwas bleibt offen, denkt man
im Dunkel endloser Straßen,
weitergeschoben im Gedränge,
müde, verdrossen und rastlos.

Etwas bleibt offen – ein Spalt, durch den
kann man versuchen, Kontakt aufzunehmen
von Zelle zu Zelle.

Pharmakologisch

Mitleid
ist der Biß ins Brot neben einem,
dem der Hunger den Bauch auftreibt wie
einen Ballon.

Brot mit Tränen gegessen
ist würzig und nahrhaft,
es beruhigt die Nerven, es
macht satt.

(Edel sei der Mensch, hilfreich und gut.)

Wer kein Mitleid hat,
ist kein Mensch.
Wer keine Tränen hat,
ist kein Mensch.
Wer kein Brot hat, von dem er abbeißen kann,
wird über die Dächer fliegen.
Kinder werden den Finger aus dem Mund ziehen
und hinaufzeigen, bis der Ballon
hinter der verwaschenen Wetterseite der Apotheke
verschwunden ist.

Letzten Endes hat jedes Ding seinen Zweck.
(Es ist alles trefflich eingerichtet.)
Hilfreich ist der Ballon eines aufgetriebenen Bauches.
Den edlen Brotessern zieht er
den Kork aus der Flasche mit
den guten Augentropfen:

Mitleid (commiseratio)
3 mal tägl. 2
Äußerlich!

Sturz vor Zeugen

Wenn einer aus der Wolke seiner Rolle fällt,
trägt ihn kein Fallschirm sanft zu Boden, kein
Sprungtuch entfalten die Zeugen seines Sturzes,
die weniger mild sind als Feuerwehrleute.

Die geschulten Kräfte seines kosmetischen Lazaretts
passen ihm eine neue Gesichtsperücke an,
abzudecken jüngste Sprünge,
wiederzuerwecken den früheren Eindruck.

Erneut umwölkt, gewinnt Olymp
die Freunde wieder
und zerbricht vor deren Augen
die Zeugen seines Sturzes.

Wie man Freunde gewinnt

Sie haben eine Tüte mit
Rosinen bei sich
und erwarten dich
im besten Zimmer bei sich
und laden dich ein: bitte
bedienen Sie sich.

Wenn du gegessen hast
von den Rosinen bei ihnen
und du erkundigst dich:
womit kann ich dienen, bitte?
sagen sie:
wie äußerst aufmerksam von Ihnen –
haben Sie
vielleicht ein paar Rosinen bei sich?

Mußt du nein sagen
wird die Verwandlung groß sein:
wir haben uns leider
sehr getäuscht in Ihnen:
wozu tragen Sie
Backentaschen bei sich?
Glauben Sie
wir gaben Ihnen zum Naschen Rosinen?

Aber kannst du ja sagen
wird die Verwandlung groß sein:
mit milden Seifen
werden sie dich abwaschen
auf ihren Schultern
werden sie dich durch alle Zimmer tragen
mit süßen Stimmen
werden sie dich fragen:

und gefallen Ihnen
diese schönen Vorhänge, bitte?
und gefällt Ihnen
diese praktische Beleuchtung, bitte?
und finden Sie
diesen Käse nicht hervorragend?
und du wirst Freunde gewinnen
ja sagend.

Die Hand ins Feuer legen

Nicht für irgendwen
möchte ich die Hand ins Feuer legen
ohne Asbesthandschuh.
Denn auch mir
soll doch keiner vorwerfen: du
hast mir die Hand verbrannt
auf dem Umweg über mein Vertrauen.

Die Angst vor dem Anblick einer auf solche Weise verbrannten Hand
ist der Pfahl, an den gewaltige
Eltern ihre schwachgehaltenen Kinder
binden als Stütze ihres Alters.
Die Angst vor dem Anblick einer auf solche Weise verbrannten Hand
ist der Bettpfosten, an den gewaltige
Männer Mädchen binden, um zu verhindern, daß sie
aus der enttäuschten Ahnungslosigkeit befreit
sich entfalten.
Die Angst vor dem Anblick einer auf solche Weise verbrannten Hand
bindet die besseren unter uns an uns schlechtere
auf daß wir uns ausstrecken können in sorgloser Blindheit.

Deshalb möchte ich
nicht für irgendwen
die Hand ins Feuer legen ohne Asbesthandschuh.
Und auch mir
soll keiner
seine auf solche Weise verbrannte Hand
zum Vorwurf machen.

Vierfüßer

Noch leben wir glücklich mit allen Vieren.
Aber das kann mir und dir passieren:
Der Mann am Straßenrand hat nur drei
Der Mann im Rollstuhl hat nur zwei
Der Mann im Bett hat nur eins
Der Mann auf dem Brett hat keins
von allen Vieren.

Das Lachen

Ein Mann rennt in das Gelächter von drei Knaben,
die ihre Schultaschen zu ihren Füßen
hinuntergeworfen haben.
Er geht ganz klein und schief.
Er geht klein, denn das Leben ist lang
neben ihm gestanden.
Er geht schief, denn das Leben hat ihm auf den Rücken
einen Sack gelegt.

Das Lachen der Knaben schlägt dem Mann
mit flachen Händen auf den Kopf.
Da bleibt der Mann stehen, da machen vier einen Kreis.
Da ist er im Kreis der kleinste.
Aber der einzige ist er auch, der weiß,
wie groß das Leben ist. Denn das Leben ist lang
neben ihm gestanden.
Und er zeigt ihnen sein Gesicht.
Und sie wollen sein Gesicht ertragen.
Aber sie lachen nicht.

Donnerstag

Drei magere Mädchen schmutzig vom Wind zerzaust
halten sich an den Händen und hüpfen
auf dem staubigen Rücken des dicken Asphaltelefanten
und singen
        Heut ist Donnerstag
        Heut ist Donnerstag
mit Blechstimmen winziger grauer Kinder auf dem Asphalt.

Verdrossen und unrasiert komme ich ihnen entgegen
                                        wie einer
der viel Staub geschluckt hat
höre erschrocken ihr Donnerstaglied und denke:
        so weit schon?
blättere im Kalender und finde
es stimmt.

Alles stimmt
nur sollte man nicht mitsingen können
        Heut ist Donnerstag
die Gelegenheit sollte man nicht verpassen
das kommt vielleicht einmal in hundert Jahren
sie werden vielleicht bald aufhören müssen
sie werden ihr Lied bald vergessen haben
mitsingen sollte man können, damit
        Donnerstag ist
man sollte einem Mädchen guten Tag sagen können,
                                        damit der
        Donnerstag wirklich ist
man sollte zum Friseur gehen können und sich rasieren lassen
                                        können, damit der
        Donnerstag wirklich donnern kann! damit der
        Donnerstag wirklich ein Tag sein kann! damit der
        Donnerstag wirklich ein Donnerstag ist!

Ich aber ziehe unrasiert und verdrossen die Uhr
und sehe sie an und sehe es ist
        spät! es ist
        später! und wieder
        später! und immer wieder
        später!
so rasch geht das alles daß die Augen nicht folgen können
                                        nur der
        Donnerstag steht.

So rasch vergehen die Stunden daß das Auge glaubt der
                                        Zeiger
steht still, aber nur der
        Donnerstag steht. Still seine vierundzwanzig Stunden
und wie rasch muß der Stundenzeiger sich drehen
wenn schon der Zeiger der winzigen Sekunden
so rasch laufen kann
wie die Erde sich dreht so rasch
daß wir glauben
        und sie bewegt sich doch nicht
        und sie bewegt sich doch!
                                        nur der
        Donnerstag steht. Still seine vierundzwanzig Stunden
und wartet geduldig bis ihn drei winzige Mädchen
schmutzig mager vom Wind zerzaust
besingen
        Heut ist Donnerstag
unwiderruflich einmalig
        Heut ist Donnerstag
die Reihe kommt an jeden
unwiderruflich einmalig
zweimal rennt der Zeiger im Kreis um die Stunden
unwiderruflich einmalig
dann fällt der Donner um.

Dann fällt der Donner um
und der Donnerstag um und der Tag um
und der dicke Asphaltelefant steht und zittert
und ich stehe unrasiert verdrossen erschrocken und zittere
und die Uhr steht und zittert
und der Kalender steht und zittert
und die winzgen Mädchen stehen und zittern
und müssen ein neues Lied suchen in der dicken
Elefantenhaut
und stehen
und zittern
denn das alles ist furchtbar und schwer.

Züge der Zeit

Wenn Männer in die Straßenbahn steigen,
schauen sie, wer darin ist.
Eine Straßenbahn ist ein halbes Kaffeehaus:
wenn einer Glück hat, kann er
bei einer angenehmen fremden Frau
einige Zeit sitzen.

Auch ist die Straßenbahn ähnlich einer
Bibliothek, in der Leute sitzen und lesen;
hier allerdings in Büchern aus den
eigenen Taschen und in Zeitungen.
Die Straßenbahnschaffner sind keine
Bibliothekare.

Doch auch die der Lektüre Ergebenen
messen die Nachbarn.
So kann es geschehen, daß einer,
aufblickend vom Buch,
den Wuchs eines Mädchens umarmte
mit seinen Augen, sie aber wieder zurück
führte in das leichter erreichbare
Zwiegespräch mit dem willig geöffneten Buch.

Daß ihm darauf hinter den Augen ein Bild saß,
das ihm die Sätze des Buches dreimal verknotete,
bis er den Blick aus den Zeilen herauszog,
läßt sich begreifen.

Dann aber sah er am gleichen Platze wie vordem
eine Frau, die ihre Runzeln
schon mit Ergebenheit trug und ihr farbloses Kleid
wie den härenen Kittel des, der sich aufgibt.
Und er erkannte die gleichen Züge wie vordem.
Und er ahnte die schlimmen Züge der Zeit.

Sich zu erinnern

Jung und gefangen
hinter Stacheldraht
auf einem Quadrat aus Lehm
für hundert Mann,
begann er bei Nacht
auf dem Weg zwischen Zelt und Latrine
sich zu erinnern an
die Sichtbarkeit der Sterne.

Jung und zurückgekehrt
in seine Heimat
auf ein Holzquadrat
für sieben Köpfe,
begann er bei Nacht
im Schlaf zwischen Hunger und Kälte
sich zu erinnern an
die Fruchtbarkeit der Ferne.

Im Schlaf

Er traf einen Baum.
Er baute darunter sein Haus.
Er schnitt aus dem Baum
einen Stock heraus.
Der Stock wurde seine Lanze.
Die Lanze wurde sein Gewehr.
Das Gewehr wurde seine Kanone.
Die Kanone wurde seine Bombe.
Die Bombe traf sein Haus und riß
den Baum an den Wurzeln aus.
Er stand dabei und staunte,
aber auf wachte er nicht.

Der Offiziersbewerber

Gib's aus dem Mund, da wird man
krank davon,
sagte die Mutter zu ihrem bazillentragenden Kind.

Steck die Nase nicht so hinein, du willst doch auch einmal
Offizier werden,
sagte der Vater zu seinem brillentragenden Sohn.

Der Kurs ist vorüber, jetzt
geht es an die Front,
schrieb das Kind heimwärts, angeregt von der väterlichen
Glanzzeit.

Wie komm ich da bloß wieder
ganz heraus?
fragte sich der Mann, angesteckt von der mütterlichen
Gesundheit.

Zehn-Jahre-Pamphlet

Zehn Jahre sind es her
seit dem großen Kehraus.
Damals war es für uns
aus mit dem Militär.

Seither wurden manche reich
viele wurden weniger unzufrieden
einzelne wurden sogar glücklich
und einige gingen leer aus.

Die hatten sich mit dem Militär
zu gut ausgekannt.

Die sagen sich jetzt:
zehn Jahre sind eine lange Zeit
manche werden in zehn Jahren reich
viele werden in zehn Jahren weniger unzufrieden
einzelne werden in zehn Jahren nahezu glücklich
nur wir gehen schon seit zehn Jahren leer aus
denn wir kennen uns mit dem Militär und mit nichts sonst
ausgezeichnet aus.

Die sagen sich weiter:
zehn Jahre sind eine lange Zeit
und den meisten wird in zehn Jahren so viel egal
daß wir beginnen können, ein neues Heer aufzubauen
aus den Söhnen der gleichen Männer, die vor zehn Jahren
Uniformen verbrannten, Gewehre zerschlugen, den Krieg
verfluchten und sagten: uns
bringt nie wieder einer zum Militär,
denn ein Militär ist das Werkzeug zum Krieg.

Der Hunger gab ihnen Zungen, aber in zehn Jahren
sind sie fett geworden und sprachlos vor Glück
sprachlos vor Reichtum, sprachlos auch bloß
vor verminderter Unzufriedenheit.

Das sagen sich die bisher leer Ausgegangenen
und verkünden das gleiche in einer zweiten Version
durch Rundfunk und Presse in patriotischem Jargon
und bewegen sich mit so großer Schnelligkeit
daß die ganze quallige Opposition
auf den Federn des Reichtums
unter den Käseglocken des Glücks
und im Fett verminderter Unzufriedenheit
feststellt: es rührt sich noch nichts.

Oder sollten zehn Jahre eine zu kurze Zeit gewesen sein
um sämtliche Straßen von Invaliden zu säubern
aus sämtlichen Zimmern die zuletzt in Uniform
Photographierten zu entfernen
und in sämtlichen Empfängern der lakonischen Mitteilung
das Gesicht den Kuß die Hände den Gang
des nicht mehr Wiedergekehrten zu tilgen?

Rüstige Männer

In jeder schmierigen Einfahrt, Mädchen
wartet ein rüstiger Mann.
Bohrer aus Blau sind seine Augen
über sehr melancholischen Tränensäcken.
Lauwarme Zangen sind seine Hände
seine Arme Plakate der Sanftmut.
In den Löchern seines Gebisses
das dich an die schönen Zähne
deines Vaters erinnert, der eine Karotte kaut
glänzt das Metall
eines, der immer noch Fleisch frißt.

Im schmierigen Licht jeder Einfahrt, Mädchen
zeigt dir ein rüstiger Mann
an der edlen Wand seiner Stirn
die Schlittschuhkurven des Lebens
und verspricht dir Enthüllungen – Enthüllungen, Mädchen
aus dem einzigartigen Roman seines Lebens.

Man soll nicht verallgemeinern
doch es läßt sich nicht verneinen
daß die Offiziere von dazumal
auch heute noch andere Kerle sind
als die bartlosen Gemeinen.

Alle Frauen, die dein rüstiger Mann
mit seiner Liebe beglückte
liegen in dir, Mädchen
auf dem Rücken

oder bist du nicht eine der
polnischen Studentinnen
die ins Feldbordell dienstverpflichtet wurden
und bist du nicht eine der
afrikanischen Madonnen
die leicht waren wie Daunen
und alle Bräute daheim

in den Schatten stellten
und bist du nicht eine der
sprühenden Französinnen
die man auf der Straße, die Rue oder Boulevard hieß
aus dem Auto stieß nach der Benützung
und bist du nicht eine der
dunkeläugigen Griechinnen
die man für ein Stück Brot
wirklich – für ein Stück Brot
(weißt du noch, was eine Hungersnot ist, Mädchen)
und bist du nicht eine der
weißen Russinnen
mit den vollen mütterlichen Brüsten
in der schönsten Stunde ihres Lebens
vor der Erschießung?

Muß es nicht schön sein, Mädchen
alle diese Frauen gleichzeitig zu sein
und dabei auf dem Rücken zu liegen
den Kopf tief in eine Wolke
und nur e i n e Angst im Bauch

die Angst vor dem Mädchen, oder vor dem Knaben
den die Russin gesäugt hätte
viele Monate nach der Erschießung
den die Griechin getauft hätte
mit einem der schönen archaischen Namen
dem die Französin
einen Luftballon gekauft hätte
der höher fliegt, als der Eiffelturm hoch ist
dem das Mädchen aus Afrika
ein Amulett um den Hals gehängt hätte
zum Schutz vor den rüstigen Männern aller Kontinente
und den die polnische Studentin unterrichtet hätte
in den wichtigsten Sprachen
um Freund zu sein mit der Welt.

Komm rasch genug heraus
Himmlischer
komm rasch genug heraus

Der heilige Franz von Assisi

Die Tiere der Stadt,
Mücken und Eintagsfliegen,
haben Angst vor der Nacht.
Sie suchen Fenster auf,
dahinter Lampen brennen.

Die Tiere der Stadt,
Mücken und Eintagsfliegen,
hängen an Scheiben und
schieben die Augen ins Licht.
Aber die Augen sind ihnen
viel zu groß.

Durch offene Fenster flogen
Mücken ins Kerzenlicht.
Kerzen gibt es nicht mehr.
Mücken gibt es noch immer.
Die fliegen durch offene Fenster
in die Milchglasmützen
der Schreibtischlampen.

Mücken flogen ins Kerzenlicht
als Anlaß zu lehrreichen Fabeln.
Die Schreibtischlampe trinkt
teilnahmslos ihre Milch.
Die Schreibtischlampe läßt
die Entscheidung dir.

Du aber bist nicht der heilige Franz von Assisi,
der die Mücken und Eintagsfliegen
auf seiner Zunge getauft hat.

Sie lungern dir auf den Büchern herum,
auf der Milchglasmütze der Schreibtischlampe,
sie laufen wie Ackermäuse durchs Haar deines Arms.
Ihre Augen sind viel zu groß.
Ihre Flügel sind viel zu grün.

Sie grüßen nicht und benehmen sich
widerlich.

Aber sie haben Hunger nach Licht.
Aber sie haben Angst vor der Nacht.
Aber sie glauben: daß Licht ihnen Mut macht.
Aber sie glauben: im Licht ist alles gut.

Da fällt deine Hand in die Lichtpfütze.
Da verspritzt das Leben der Mücken und Eintagsfliegen
im Milchglaslicht der Schreibtischlampe.

Du bist nämlich nicht der heilige Franz von Assisi,
der die Mücken und Eintagsfliegen zu sich ins Bett nahm.
Aber du machst die Tiere der Stadt ebenso zahm
mit deiner Hand, die in die Lichtpfütze fällt.

Als dir der Wind noch die Nacht ins Gesicht blies,
hast du die Angst gekannt in der Stadt,
die du gebaut hast.

Kerzen gibt es nicht mehr.
Mit Millionen Schaltern, die deine Hand hält,
drehst du das Licht auf und die Angst ab.

Wenn der Schalter, dem du vertraut hast, aus deiner Hand fällt,
schau nicht auf, wer seine Hand über dich hält,
denn der heilige Franz von Assisi ist es nicht.

Neo-Konservativ

Laßt uns gefährlich leben, sagt ein Mann, dem
Leben Schwierigkeiten bereitet. Laßt uns
Stiefel anziehen, damit man nicht sagen kann, wir hätten
krumme Beine.

Groß ist die Zahl (es lebe der Nebenmann!) derer,
die ihr Leben auf ehrliche Weise bestreiten. Sie
haben uns den weitaus härteren
Weg geebnet.

Laßt uns gefährlich leben, und sollte dennoch
einer behaupten, wir hätten krumme Beine –
Herr, ich war schon Kavallerieoffizier, als Sie noch
im Düsenflugzeug die Schallgrenze durchbrachen.

Das Tor

Wenn ich Ausgang bin,
tragen sie Haare fort;
wenn ich Eingang bin,
tragen sie Gesichter;
bin ich, was ich bin,
bin ich das Tor,
unbekümmert um das Haus dahinter.

Über Treppensteigen,
Asthma und Herzbeschwerden,
Ansammlungen auf dem Korridor,
Horchen an Türen,
Waschküchengeheimnisse, Gemüsepreise
informieren mich
Rastende auf der Reise mit den Einkaufstaschen.

Hunde pissen mir die Füße naß und schnüffeln daran.
Kinder schmieren mein Gesicht mit Kreide an.
Plötzlichen Regengüssen Ausgesetzte schütze ich.
Ferner diene ich
außer bei strengem Frost allabendlich
denen, die den Unterschied
zwischen Mann und Frau und mir zu nützen wissen.

Selber Ding, als solches leidenschaftslos,
erfüllen mich sämtliche Zwecke, zu denen man mich
bestimmt,
mit Geringschätzung von Eckstein bis Eckstein.

Jeder, der durch mich tritt,
ist kleiner als ich.
Wenn ich sein Eingang bin,
verschwindet er samt Gesicht.
Die Haare sind ihm gewachsen,
wenn ich sein Ausgang bin,
er geht die Straße hinunter und wird
immer noch kleiner.

Ich bleibe groß. Ich bleibe, was ich bin. Ich bleibe das Tor,
ob ich dein Ausgang bin,
ob ich dein Eingang bin –
unbekümmert um das Haus dahinter,
unbekümmert um die Straße davor.

Laut und Luise

1 mit musik

blüh

luft
blüh kuckuck
schmetterling

maus
in kellern
zitternd
bleiche

schmettere
trompeten

fröhlich
specht
in herzen

chanson

l’amour
die tür
the chair
der bauch

the chair
die tür
l’amour
der bauch

der bauch
die tür
the chair
l’amour

l’amour
die tür
the chair

le tür
d’amour
der chair
the bauch

le chair
der tür
die bauch
th’amour

le bauch
th’amour
die chair
der tür

l’amour
die tür
the chair

am'lour
tie dür
che thair
ber dauch

tie dair
che lauch
am thür
ber'dour

che dauch
am'thour
ber dür
tie lair

l'amour
die tür
the chair

andantino

ein andantino schneidet sich ein stück wurst vom finger und füttert damit seinen turteltauben hund. wenn der turteltaube hund von geburt an ohne gehör ist, nimmt er die speise dankbar entgegen. andernfalls erinnert er sich bei ihrem anblick möglicherweise an eine grammophonplatte. diese unannehmlichkeit kann das andantino sich und seinem turteltauben hund, sofern dieser ans grammophonspiel gewöhnt war, dadurch ersparen, daß es den turteltauben hund vor der fütterung umstülpt. die hündische turteltaube ist mit körnern zu füttern.

ohren im konzert

der pianist läßt seine finger in die flasche rinnen, die ein klavier ist, und die flasche spritzt die finger als kölnischwasser in die ohrengalerie. die ohren aber haben keine feinen nasen. daher lassen sie das kölnischwasser in die ohrenständer rinnen, die innen hohl sind bis zu den plüschpolstern, auf denen sie als tiefe brunnen sitzen, und gähnen einander in den mund.

pi
   ano
   anino
   anissimo

pi
pi

o
  nano
  nanino
  nanissimo

o
pi

canzone

ganz
ganz
        ohne

völlig beraubt

canzone

ganz
ganz
        ohne

völlig beraubt

etüde in f

eile mit feile
eile mit feile
eile mit feile
durch den fald

durch die füste
durch die füste
durch die füste
bläst der find

falfischbauch
falfischbauch

eile mit feile
eile mit feile
auf den fellen
feiter meere

auf den fellen
feiter meere
eile mit feile
auf den fellen

falfischbauch
falfischbauch

eile mit feile
auf den fellen
feiter meere
feiter meere

falfischbauch
falfischbauch
fen ferd ich fiedersehn
falfischbauch
falfischbauch
fen ferd ich fiedersehn
fen ferd ich fiedersehn
falfischbauch
fen ferd ich fiedersehn
falfischbauch
falfischbauch

ach die heimat
ach die heimat
fen ferd ich fiedersehn
ist so feit

calypso

ich was not yet
in brasilien
nach brasilien
wulld ich laik du go

wer de wimen
arr so ander
so quait ander
denn anderwo

ich was not yet
in brasilien
nach brasilien
wulld ich laik du go

als ich anderschdehn
mange lanquidsch
will ich anderschdehn
auch lanquidsch in rioo

ich was not yet
in brasilien
nach brasilien
wulld ich laik du go

wenn de senden
mi across de meer
wai mi not senden wer
ich wulld laik du go

yes yes de senden
mi across de meer
wer ich was not yet
ich laik du go sehr

ich was not yet
in brasilien
yes nach brasilien
wulld ich laik du go

weltgebräuche

heller himmel
in diesem abgrund

auf lippen schweben
auf grauen haaren

ein fremder zweig
ohne gärtners hilfe

donnernde posaunen
mit tränendem gesicht

2 volkes stimme

die mutter und das kind

üch
wüll
spülen

spül düch
meun künd

die tassen

bette stellen sie die tassen auf den tesch

perdon

stellen sie die tassen auf den tesch

perdon

die tassen auf den tesch

perdon

auf den tesch

perdon

nöhmen

nöhmen

nöhmen sö söch

nöhmen sö söch eune

nöhmen sö söch eune tass

eune tass

donke

donke

eun stöck zöcker

zweu stöck zöcker

dreu stöck zöcker

donke

zörka zweu stöck

zöcker

follen

follen

hünuntergefollen

auf dön töppüch

neun

nur dör hönker üst wög

pördon

bötte bötte

16 jahr

thechdthen jahr
thüdothdbahnhof
thechdthen jahr
wath tholl
wath tholl
der machen
thüdothdbahnhof
thechdthen jahr
wath tholl
wath tholl
der bursch
wath tholl
der machen
wath tholl
wath tholl
der machen
thechdthen jahr
thüdothdbahnhof
wath tholl
der machen
der bursch
mit theine
thechdthen jahr

bäää
daaa
wuallitzaaa
bäää
daaa
wuallitzaaa
haun
schünkint
haun
schünkint
haun
schünkint
wuallitzaaa
wuallitzaaa
bäää
daaa
wuallitzaaa
bäää
daaa
haun
schünkint
haun
schünkint
haun
schünkint
haun
schünkint
haun
schünkint
wuallitzaaa
bäää
daaa
baaa

doixannda
waast
doixannda
maanst
wwoadadea
doixannda
maanst
wwoadadea
wwoadadea
füü
wwoadadea
füü
doixannda
waast
doixannda
wwoadadea
maanst
wwoadadea
füü
wwoadadea
füü
maanst
wwoadadea
füü
doixannda
maanst
wwoadadea
füü
füü
gressarois
maanst
wwoadadea
füü
gressarois
gressarois
maanst
wwoadadea
füü

doixannda
waast
doixannda
maanst
wwoadadea
füü
gressarois
füü
gressarois
füü
füü
gressarois
wwoadadea
füü
maanst
wwoadadea
füü
gressaroisiii
doixannda

doodngroowaaaaaaaaaaa
in määne sokkn
sann dmottn
i schbias
bisindbaaaaaaaaaaaaaaa
doodngroowaaaaaaaaaaa
bisindbaaaaaaaaaaaaaaa
schbiiri dmottn
din määne sokkn
saaa
doodngroowaaaaaaaaaaa

doode
schbrooooochn
doode
schbrooooochn
graaanzgrid
ladään
slirchenkaaawisch
doode
schbrooooochn
doode
schbrooooochn
graaaaaaaaaan
graaaaaaaaaan
graaaaaaaaaan
ooowa
swiad
nimma
innda
frrua

tohuwabohu

hu
—
bo
—
hu
—
bo
—
hhu
—
bo
—
otto
—
bo
—
ottto
—
bo
—
ohoo
—
bo
—
o

babba
babba
toobaba
toobaba
tohuubaba
tohuubaba
tohuwaababa
tohuwaababa
tohuwaboobaba
tohuwaboobaba
tohuwabohuubaba
tohuwabohuubaba
tohuwaboobaba
tohuwaababa
tohuubaba
toobaba
babba

ooha
ooha
ooha
—
uhu
—
ohoo

tot
tut
tat
tot
tu

totuuutatotu
totutaaatotu
totutatoootu
toootutatotu

tut tut
—
tut tut
—
tut tut
—
tut tot
—
hut ab
—
hut ab
—
hut ab

o
oo
ooo
oooo
ooooo

a watta
a watta
a watta

koots

settket ekk
settket ekk
kee ekko
kee ekko
settket ekk
settket ekk
kee ekko
kee ekko
settket ekk
settket ekk
e klees ekko
e klees ekko
keeeeets
keeeeets
etts keets
etts keets
koooooots
koooooots
ett kett koots
ett kett koots
e koots ekko
e soo e koots ekko
sootl koots

talk

blaablaablaablaa
blaablaablaa
blaablaablaablaa
blaablaablaa
bäbb
bäbb
bäbbbäb
bäbbbäbäb
bäbäbbb
bäbb
bäbb
bäbbbäb
bäbbbäb
bäbäbäbbb
blaablaablaablaa
bäbb
bäbb
bäbbbäb
blaablaablaa
bäbäbbb
bäbb
bäbb
bäbäbbb
bäbb
bäbb
bäbbbäb
bäbäbbb
blaablaablaablaa
bäbäbbb

3 krieg und so

ode auf N

lepn
nepl
lepn
nepl
lepn
nepl
o lepn
o nepl
nnnnnnn
lopn
paa
lopn
paa
o nepl
o lepn
plllllll
lepn
plllllll
lepn
plllllll
nepl
lepn
plllllll
lopn
paa
noo
paa
noo
papaa
noo
nonoo
nononoo
nonononoo
paa
pl
paa
pl

pl pl
ononn
onononn
ononononn
lepn
eoooo
lepn
eoooo
nepl
ananann
nepl
anananann
eoooo
eoooo
lepn
eoooo
lepn
lepn
eoooo
eoooo
eooooooo
nnnnnnnnnnnnn
plllllllllll
pl
na
naaa
naaaaaaa
naaaaaaaaaaaa
naaaaaaaaaaaa
naaaaaaaaaaaa
pooleon
pooleon
poleeeon
pooleon
poleeeon
naaaaaaaaaaaa
pooleon
poleeeon
naaaaaaaaaaaa
poleeeon
poleeeon

naaaaaaaaaaaa
pooleon
poleoooon
pooleon
poleoooon
naaaaaaaaaaaa
nanaa
nanaa
nananaa
nanananaa
naaaaaaaaaaaa
poleoooon
naaaaaaaaaaaa
pooleon
pooleon
poleeeon
poleeeon
poleeeon
poleoooon
poleoooon
oooоon
ooooon
ooooon
||||||||||||||||||||||||||||||||

treidelweg

beinsammler
beil beil
bauchsammler
lilie lilie
berme

der aus zwei köpfen bestehende
gründer einer volkshochschule
mit einer art bürste an der unterseite

apulien

sakrale umzüge auf den feldern
können durch biß übertragen werden
um abrutschen zu verhüten

beil beil
berme

agnes bernauer
schöne baderstochter
stockduft stark wirksam
periodischer komet
maischbottich

lilie lilie

auch preußische reiter
vernegerten

wie fast

wie fast
wie bitter
wie kaum

sollen wir aus anderen
sollen wir aus entfernten
sollen wir aus fremd

wie fast
wie bitter
wie kaum

können das alles überhaupt
können das alles unbesorgt
können das alles hier

wie fast
wie bitter
wie kaum

sind schon versamm
sind schon vollzähl
gehen schon

wie bitter
wie kaum

wien : heldenplatz

der glanze heldenplatz zirka
versaggerte in maschenhaftem männchenmeere
drunter auch frauen die ans maskelknie
zu heften heftig sich versuchten, hoffensdick.
und brüllzten wesentlich.

verwogener stirnscheitelunterschwang
nach nöten nördlich, kechelte
mit zu-nummernder aufs bluten feilzer stimme
hinsensend sämmertliche eigenwäscher.

pirsch!
döppelte der gottelbock von Sa-Atz zu Sa-Atz
mit hünig sprenkem stimmstummel.
balzerig würmelte es im männechensee
und den weibern ward so pfingstig ums heil
zumahn: wenn ein knie-ender sie hirschelte.

schtzngrmm
schtzngrmm
t–t–t–t
t–t–t–t
grrrmmmmm
t–t–t–t
s————c————h
tzngrmm
tzngrmm
tzngrmm
grrrmmmmm
schtzn
schtzn
t–t–t–t
t–t–t–t
schtzngrmm
schtzngrmm
tsssssssssssss
grrt
grrrrt
grrrrrrrt
scht
scht
t–t–t–t–t–t–t–t–t–t
scht
tzngrmm
tzngrmm
t–t–t–t–t–t–t–t–t–t
scht
scht
scht
scht
scht
grrrrrrrrrrrrrrrrrrrrrrrrrrrrrrrr
t–tt

hauuuuuuuuuuuuuuuuuuuuuuuuuuu
se
jja
wooooooooooooooooooooooooooo
l
s———————c———————h
önn
wärsss
hauuuuuuuuuuuuuuuuuuuuuuuuuuu
se
jja
abbb
grrrrrrrrrrrrrrrrrrrrrrrrrrrrrrrrrrr
daddda
daddda
dadddaddadda
jja
loiiiiiiiiiiiiiiiiiiiiiiiiiiiiiiiiiiiiiiiiiiiiiiiiiiiiiiiiiiiiiiiiiii
se
immm
pullooooooooooooooooooooooooo
wwa
jja
woll

onkel toms hütte
nkel toms hütt
kel toms hüt
el toms hü
l toms h
toms
ssssssss
aaaaaaaaaaaaaaaaaaaa
t
o
t
o
m
t

fragment

wenn die rett
es wird bal
übermor
bis die atombo
ja herr pfa

feuer
in welchem
im feuer

in welchem feuer
im feuer

welken
in welchem
im feuer

in welchem feuer
im welken

feuer
in welchem
im welkenden

in welchem welkenden
im feuer

feuer
im welk
enden

in welchem welk
im feuer

die tränen
d
sind
er
die tränen ind
erin
sind
derfr
die tränen anzösi
ndesmäd
sind
chensaus
die tränen kölndersc
hwarzengöt
sind
tinvomunter
die tränen ennil

falamaleikum
falamaleitum
falnamaleutum
fallnamalsooovielleutum
wennabereinmalderkrieglanggenugausist
sindallewiederda.
oderfehlteiner?

4 doppelchor

g   o   tt

p

q

r

adam s
ripp   e   a
dam
ipp   et
am   a   d
pp   e
m u
a   d   a
p   e

eva   d   a   m

doppelchor

es mann spielst unser frauen mit nur schilfharfe
gehst ans fingerspitzen und vorbei es.
es frau spielst unser männer mit nur klarinettich
knopfst an und bläst ein immer lied aus es.
es mann spielst unser frauen mit nur momentharmonika
sperrst um und pfeifst schlüsselrüssel.
es frau spielst unser männer mit nur es violinerin
stellst an diriganten hin und wickelst den orchaster aus.

sieben kleine geschichten

es war einmal ein mann, der hieß THOMAS, dieser beugte sein knie. »wie du dein knie beugst«, sagte die frau. »und ob«, erwiderte der mann, »es regnet weiß ich nicht.«

es war einmal ein mann, der hieß JAKOB. »entschuldigung«, sagte dieser zu der frau, »aber du bist schmutzig.« »wohin?« fragte die frau.

»nicht so hastig. nicht so hastig. nicht so hastig«, sagte die frau zu dem mann, der ZEBORIUS hieß. »hast«, erklärte ZEBORIUS der frau, »du mich lieb?«

es war einmal ein mann, der hieß NEPOMUK. diesen fragte die frau: »wieviel uhr ists? wieviel uhr ists?« »halb«, sagte NEPOMUK, »ich dir nicht gesagt du sollst deine finger davon lassen?«

es war einmal ein mann, der hieß THADDÄUS. diesen fragte die frau: »was für eine farbe hat es?« »grü«, sagte THADDÄUS bescheiden, »ßgott.«

»warum denn? warum denn? warum denn? warum denn?« fragte die frau den reichen JONATHAN. »damit«, gab der reiche mann zur antwort, »kannst du nicht umgehen, frau.«

es war einmal ein mann, der hieß PETER. »wieviel uhr ists? wieviel uhr ists? wieviel uhr ists?« fragte diesen die frau. »ach«, sagte PETER traurig, »t.«

flichtinge begegnung

augn
　　ins
augn
　　ins
augn
　　ins
　　　o frau was willt du
　　　hier auf der straßn
　　　und mitn großngroßn
augn

dER RITTER

Eln woRT adElT sElnE buchsTabEn

sIE dEn RITTER mIT IhR fahREn bITTE sIE
ER jETzT schlafEn odER RodEln gEhE ER
sIE hIER zImmER zu vERmIETEn sEIEn sIE
ER jETzT schlafEn odER RodEln gEhE ER

sIE dEn RITTER IhR Tod nIchT sEln bITTE sIE
ER hElfEn ER wollE habE gEwollT wERdE hElfEn wollEn ER
sIE dEn RITTER IhR hERz schlagEn fühlEn bITTE sIE
ER hElfEn ER wollE habE gEwollT wERdE hElfEn wollEn ER

sIE ER sIch nIchT zu schämEn bRauchE sIE
ER am lIEbsTEn schlafEn odER RodEln gIngE ER
sIE Eln vERgnügEn ERwaRTEn auch Eln vERgnügEn sEI sIE
ER am lIEbsTEn schlafEn odER RodEln gIngE ER

sIE Ihn laufEn sEhE Ihm bauEn hElfE sIE
sIE das wERk wEITER blühEn und gEdeElhEn mögE sIE
sIE aaaaaaaaaaaaaaaaaaaa Eln RITTER Eln RITTER sEI sIE
ER Es Ihm ElnE angEnEhmE pflIchT IhR füR IhRE wERT-
vollE mITaRbEIT sElnEn bEsTEn dank ETc ETc sEI ER
dER RITTER

so
hilde
und so

hilde
so
und so

so
und so
hilde

und so
hilde
so

du warst zu mir ein gutes mädchen
worst zo mür eun gotes mödchen
du warst zu mir ein gutes
zo mür eun gotes mödchen
du warst zu mir ein
mür eun gotes mödchen
du warst zu mir
eun gotes mödchen
du warst zu
got mödchen
du warst
zo mür
zu gut
mödchen
worst zo got
zu
mür

5 autors stimme

jeeeeeeeeeeeeeeeeeeeeeeeeeeeeeeeeeeeeeeeee
—
suss
g
g
kc———————h
ommmmmmmmm
h———————h
jeeeeeeeeeeeeeeeeeeeeeeeeeeeeeeeeeeeeeeeee
—
suss
komm
kommmm
kommmmmm
kommmmmmmm
hrrrrrrrrrrrrrrrrrrrrrrrrrrrrrrrrrrrrrrrrrrrrrrrrrrrrrrrrrrrrrrrrrrrrr
herrrrrrrrrrrr
jeeeeeeeeeeeeeeeeeee
                                        eeeeeeeeeeeeeeee
                                                                eeeeeee
—
suss

s————c————h

tern

s————————c————————h

terben

blammmmm
abel
abel
abel
abel
abel
abel
blammmmm
irt
irt
irt
irt
irt
abel irt
abel irt
abel
abel
abel irt
blammmmm
abel irt
asch
blammmmm
asch
abel
irt
asch
as–c–h
as—c—h
as——c——h
as———c———h
as—————c—————h
abel
ibel
abel
ibel
abel
ibel
abliblabliblabliblablibla
mmmmmmmmmmmmmmmmmmmm

glllllllllllllllllllllllllllllli
gllllllllllllllllllllllllllllla
urglurglurglurglllllllllllllllllllllllllllllllllll
iiiiiiiiiiiiiiiiiiiiiiiiiiiiiiiii
onglonglonglonglonglonglonglonglong
baaaaaaaaaaaa
uuuuuuuuuuuuu
lllllllllllllllllllllllllllllllll
 bi
 u
a
  i
 u
o
 bi
 u
a
iiii
urglurglurglurglllllllllllllllllllllllllllllllllll
bababababa
i
uuuuuuu
weißt

i
ch
b
i
n

ow
ow

w
ooo

i
ch
b
i
n

dnu
du
dnu
du

und

ass

i
u
a

i
u
a

tuu
tuu

ch
ch
wwwwwwww
siehtmirgottmeinvaterzu

leeeeeeeeee
rrra
leeeeeeeeee
rrra
le
rrra
le
rrra
le
rrra
lerrra

und

ein

und ein
und ein und

ein

ekze
ekze
ekze
mmmmmmmmmmmm
ekze
mmmmmmmmmmmm
leeeeeeeeeeeeeeeeeee
rr

und
ein aaaaaaaaaaaaaaaaaa
rrr
z t
a
rrrrrr
z t
ekze mmmm

unts————c————h

üler

reeeeeeeeee
d
de
den
de
rrrrrrrrrrrrrrrr
dende
rrrr
dende
rrrrd

ENDE

szn rrmmm
szn rrmmm
szn rrmmm
siiiiiiiiiiiiiiiiiiiiiiiiiiiiiiiiiiiiii
zn rm
zn rm

heeeeeeeeeeeeeeeeeeeeee

ummmm
si
zen
de

reden
eden
den
eden
reden
eden
den
eden
rrrrrrrrrrrrrrrrrr

e e

mein

z z z z z z z z z
immer

liegt

süüüüüüüüü
dwärts

die
nac———h
t
darin

tr tr tr tr tr tr tr tr tr

aumlo
s

6 kleine erdkunde

amsterdam

1
die haus stiehlst zum mütze.
an wäre kalten die fagott.
den türe schneidest vors apothekerin.
ob würde nassen das flöte.

2
der schwesterchen klapptet die löwe
schief zur veilchen kleines kuckuck.

3
ein männer kittest in bord
was frosch vorn des zifferblatt
zum poliertes biene.

4
ans abend salziges fürs polizist
blättertest das birne auf die profilschmalz
zu an ob treffen amsterdam die vogel
das turm des frau sträubtest zum sonne.

niagaaaaaaaaaaaaaaaa

ra felle

niagaaaaaaaaaaaaaaaa

ra felle

bericht über malmö

l
m
ö
m
a
öl
m
öl
mal
öl
m
ma
l
lö
öl
lamm
mal
lamm
öl
lö
lamm
mal
lamm
mal
öl
l
m
l
am
öm
ma
lö
mal
am
lamm
mal
am

öl
mal
am
öl
mal
lamm
mal
am
öl
lamm
mal
am
lamm
öl
lö
m
l
m
ma
am
alm
am
alm
mal
öl
am
alm
mal
lamm
am
alm
mal
am
lamm
alm
mal
am
öl
alm
mal
lamm

mal
öl
mal
alm
mal
lamm
öl
mal
alm
mal
öl
lamm
mal
alm
mal
lamm
mal
öl
alm
mal
lamm
alm
mal
öl
mal
lamm
öl
alm
mal
alm
öl
lamm
mal
öl
alm
lamm
mal
alm
lamm
öl
lö

m
l
m
ö
mö
mal
mö
ö
mö
mal
mö
ö
mö
mal
mö
mal
mö

england ist niedrig und grau. alles ist in england niedrig und grau. aber alles grau in england ist grün, und das ist das wunderbare. alles ist in england niedrig und grau. aber alles niedrige sind anker des himmels über england. das ist das wunderbare.

england ist. das ist seine geschichte. das ist englische geschichte. england ist niedrig und grau ist nicht seine geschichte, sondern das wunderbare. das ist das wunderbare an seiner geschichte.
england ist. nicht elisabeth I nicht hans ohne land nicht attlee nicht knut nicht löwenherz sind seine geschichte. england ist ist seine geschichte. englische geschichte. alle andern sind ein herzloser kreislauf.

grün ist das englische grau. und was für ein grün. blau [und was für ein blau] ist das grau des grünen himmels auf england. rot ist das grau des blauen grüns der rot-roten briefkastensäulen an den ecken, und die gärten sind [und was für gärten erst] gartengrau in allen grau-arten – in rot-rot grünen und gelbgrauen gartenfrühlingen.

zum sommer geht ein herbstweg, und ein mann macht aus runzeln einen herbstmann, der sommer macht aus einem mann runzeln, und der herbst macht aus runzeln einen weg für den mann. zum sommer geht jetzt nur noch ein herbstweg, der mann aus runzeln hat mit runzeln gerechnet, aber die mädchen sind soviel schminke wie blätter an der herbsthand, und das ist viel, besonders in der allee.

sie sind ein englisches mädchen ist ein gedanke, keine mögliche anrede. aber man denkt auf distanz. also denkt man auf distanz: sie ist ein englisches mädchen.
sie ist ein englisches mädchen ist ein gedanke, keine mögliche anrede. denn man redet ja nicht, man denkt nur. sie ist ein hübsches englisches mädchen ist ein hübscherer gedanke.

england ist nicht ein enges land, doch es hat seine maschen. diese breiten sich über das land wie ein fischnetz. es ist das weiteste fischnetz, von dem man sagen kann: es hat seine maschen, seine ordnungen. die schnüre sind pünktlich geknüpft, aber nicht gespannt. auch die heringe haben das leben vor den augen und kämpfen darum. england ist nicht ein enges land. aber es hat wenig spiralen.

ein berg ist ein wirklicher berg nur als einsamer fisch. ein einsamer fisch unter einsamen fischen: sie halten einander an den flossen, aber sie reiben nie ihre schultern aneinander, und sie schnuppern auch nicht. ihre münder sind nicht geölt, ihre augen sind trocken, ihre sprache ist die zeichensprache der einsamkeit, dürres eis, abwartendes geröll, stein bei steinen.

der tourist kauft sich eine eintrittskarte ins museum der alpen, wo das stochern erlaubt ist, und einen katalog in seiner sprache. im museum setzt der tourist seinen katalog auf wie eine brille, steigt auf einen ausgestellten berg und durchstochert mit unerklärlichem erfolg den rücken dieses fisches. in der pendeluhr, die er mit sich herumträgt, ist der tourist ein gutfunktionierendes pendelndes edelweiß, dem links genausoviel bedeutet wie rechts, zwischen der bank von england und einer luftigen pfundsterling-wiese. seinen freunden aber zeigt er seinen alpenstock.

das bisherige england war eine rose oder eine hutschachtel. jetzt aber teilen sich die wege, und unter den hufen der spaziergänger kracht es wie perlen. die spaziergänger sind sehr zerstreut, aber auch eine zähe masse. ein klebstoff, mit dem man die zerbrochene teetasse zusammenleimen kann.
die perlen krachen weiter, je weiter die spaziergänger sich entfernen, und je weiter die spaziergänger sich entfernen und die perlen unter ihren hufen krachen, um so aufgeregter werden die gesten der pappeln. an den heißgelaufenen gittern, die in turnhosen rund um gärten für die meisterschaft trainieren, zischt eidechsenzüngiger flieder.
wenn die teetasse bricht, hängt sich vielleicht an den sprung des behobenen schadens eine erinnerung und befestigt dort einen henkel.

das bisherige england war eine rose als trabant einer hutschachtel. aber auf der mausgrauen haut des herbstgewordenen grafen, der als hunderte umgekippte eiserne sessel am rand des künstlichen sees den hyde-park-winter durchkniete, öffnen die märzturbinen ihre gierigen schnäbel. reporter tauchen auf, die ausgehungerten kameras an der leine, und erwarten den aufstand der massen des grases. wir sind die ersten klarinetten dieses frühlings, sagt eine amsel zu ihrer amsel.

das bisherige england war ein hut ohne dornen, eine rose in der schachtel. aber was wären alle fernsehtürme, die ihre hutnadeln an den horizont stecken, hätten die rostroten hundewalzen aus wales für kuhfüße keine zähne mehr. so werden die beine der besitzer der rostroten hundewalzen aus wales und die untersten beine der frauen der besitzer der rostroten hundewalzen aus wales kuhfüße, und werden kuhfüße werden, solange die rostroten hundewalzen aus wales zähne besitzen. haben sie keine angst, er knabbert nur. das erklärt den gebrauch der rostroten hundewalzen in wales wo es kühe gibt.

churchill lief nach vorne und
stolperte über seine hände.

churchill saß als churchill im mantel neben seiner frau frau churchill im theater und schaute ins theater. churchill im mantel saß noch nicht im mantel neben seiner frau frau churchill im theater und schaute ins theater, als er durchs tor des theaters ins theater schaute und ging und durchs tor und durchs tor zwischen bücklingen und durch den gang und durchs tor neben seiner frau frau churchill aber durchs enge tor vor seiner frau frau churchill und durch den gang zwischen bücklingen durchs theater ging und ins theater schaute, während die herren und die damen und die jugend nicht mehr saßen weil sie nicht wußten daß churchill im mantel neben seiner frau frau churchill ins theater kam und schaute sondern standen weil sie sahen oder gesagt bekommen hatten und daher alle wußten daß churchill im mantel neben seiner frau frau churchill durchs tor des theaters ins theater geschaut hatte und gegangen war und durchs tor und durchs tor zwischen bücklingen und durch den gang und durchs tor neben seiner frau frau churchill aber durchs enge tor vor seiner frau frau churchill und durch den gang zwischen bücklingen durchs theater gegangen war und ins theater geschaut hatte und jetzt gerade jetzt im mantel neben seiner frau frau churchill durch den gang zwischen den sitzen rechts und links auf denen die herren und die damen und die jugend gesessen waren die jetzt standen und mit den händen klatschten nach vorne ging und sich in der vierten reihe rechts links neben seiner frau frau churchill im mantel niedersetzte und sich umdrehte bevor er sich links neben seiner frau frau churchill im mantel niedersetzte und die herren und die damen und die jugend die standen und mit den händen klatschten mit seinem zeichen das ein sieges-vau auf zwei fingern ist grüßte. dann saß churchill als churchill im mantel und nicht als sir winston noch nicht als sir winston neben seiner frau frau churchill im theater schaute ins theater und die vorstellung begann.

das bisherige england war eine niere ohne reh, eine ente ohne xylophon, eine irrfahrt ohne schnecken. seit drei tagen tanzen jedoch mehrere siebzehn tennisbälle auf ihren kleinen filzigen zehen und verlieren da und dort eine zitrone. von nah und fern kommen die golfschläger, die beichtgelegenheiten und die kniewärmer, um dieses schauspiel zu betrachten.

jeder engländer hat eine form. daher haben verschiedene engländer verschiedene formen, viele engländer haben viele formen, und alle engländer haben gewiß nicht alle formen aber viele. gewisse engländer haben gewisse formen, und verschiedene engländer haben viele und viele haben viele verschiedene, verschiedene gleiche und verschiedene verschieden viele. viele engländer haben umgangsformen, hutkrempen und nagelschmutz, mückenstiche, kinnhaken, und verschiedene eine gürtelrose. viele haben nasen. viele nasen haben an verschiedenen engländern verschiedene formen aber eine einzige formel: taschentuch. vier verschiedene engländer haben an verschiedenen tagen vier nasen aber eine einzige formel: taschentuch. ein einziger engländer hat viele verschiedene nasen in einer einzigen formel, aber nur eine einzige nase in der formel: taschentuch. so hat jeder engländer formeln. daher haben verschiedene engländer verschiedene formeln, viele engländer haben viele formeln, und blaue engländer haben gewiß nicht alle blaue formeln aber viele. so haben alle engländer viele verschiedene formen und formeln, aber während kein einziger engländer die gleichen formen hat als ein einziger engländer, haben von allen engländern alle von den vielen verschiedenen formeln alle von allen engländern eine einzige alle: ein halbierter doppelter ist ein ganzer. ein halbierter doppelter engländer ist ein ganzer, und welcher engländer wäre kein engländer als ein ganzer, also welcher engländer wäre kein halbierter doppelter als ein engländer und als ein ganzer? viele engländer haben umgangsformen, hutkrempen und nagelschmutz, mückenstiche, kinnhaken, und verschiedene eine gürtelrose. aber welcher engländer wäre nicht eher ein halbierter doppelter als kein ganzer? also haben alle engländer von den vielen verschiedenen formeln von allen engländern eine einzige alle: ein halbierter doppelter ist ein ganzer. ein verdoppelter halbierter ist ebenfalls ein ganzer und keine ausnahme die die regel bestätigt. ein halbierter dreifacher ist ein ganzer und ein halber, aber keine ausnahme die die regel bestätigt. ein halber ist aber kein engländer sondern ein ganzer. also ist ein halbierter dreifacher nur ein einziger engländer und ein halber. ein halber ist aber kein engländer. ein verdoppelter halbierter dreifacher hingegen ist dreimal ein ganzer. so stehen die engländer im wirtshaus und haben nasen.

london ist eine zahnpastatube. darum bringen die besucher ihre zahnbürsten mit. london ist eine zahnpastatube, die bei dem einen auf einem porzellanbett ruht und über die der andere stolpert, wenn er auf den fingerspitzen im mistkübel spazieren geht.
aber alles glück hat grenzen, und aus den duftgrüften der parfümerien steigen zahnpastamumien in tuben, von denen keine tube london ist. die bäcker haben weiße hände, die bauern haben den samen dafür, aber der pflasterakrobat will sich gar nicht aus der kette befreien, sondern münzen aus den geizkrägen ziehen, indem er sich immer fester in seine eiserne riesenschlange wickelt. adam kannte dieses kunststück, legte sich aufs bügelbrett und trocknete den schweiß seines angesichts. heiß muß er werden, sagen die geizkrägen, in denen die kupfermünzen zu goldklumpen und bierflaschen schmelzen, heiß muß er werden, bis seine ketten verdampfen. aber alles glück hat grenzen, die gebisse der lastschiffe kauen altes themsewasser, ein autobus kann hüpfen, und brücken klappen auf.

ein zusammenstoß, unter dem ein kind liegt, ist eine möwe, die dem roten dekan einen weiß-grauen frieden predigt. aber nicht alle fahrzeuge sind beflügelt, auch nicht die hageren. ihnen spielen die knochen den marsch, die blechernen schwingen die blechmützen, die fleischigen rollen den fleischball. wenn es dann zum zusammenstoß kommt, liegt ein kind unter jedem löschblatt, aber der rote dekan sagt, es ist nur ein fettfleck, und betet weiter mit den ellbogen. die möwen wohnen in eckigen zimmern und verschließen vor der nacht ihre augen mit kaugummi.

die meisten baumeister sind baumeister wie die meisten. aber einige baumeister sind baumeister wie wenige baumeister. das sind ungewöhnliche baumeister. die meisten baumeister wollen möglichst viel bauen. das sind die gewöhnlichen baumeister. das sind die meisten. einige baumeister bauen am meisten. das sind die erfolgreichsten baumeister. das sind die reichsten. die wenigsten baumeister wollen überhaupt nichts bauen. das sind die ungewöhnlichsten baumeister. die zitronenbäume blühen keine zitronen. auch sind die zitronen keine baumeister. und doch haben die meisten leute schon limonade getrunken, denn limonade ist mit architektur vereinbar. nur die wenigsten baumeister kennen keine zitrone oder wollen überhaupt nichts bauen. aber die zitronenbäume sind am eifrigsten. nur blühen die meisten baumeister keine zitronen. aber die meisten baumeister sind auch keine zitronenbäume. aber auch die zitronenbäume blühen keine zitronen. man hört oft sagen, england sei eine große violette zitrone in einer hutschachtel fünf meter neben einem baumeister, und london sei die zahnpastatube dieser violetten zitrone.

die kurzen jünglinge halten die köpfe unter die schwebenden magnetischen bärenfellmützen, die erde saugt sich an ihren fußsohlen fest, die schwebenden magnetischen bärenfellmützen ziehen an den kurzen jünglingen von oben aufwärts, die mütter der kurzen jünglinge sagen erfreut: er ist doch nicht so antimagnetisch, und die bärenfellmützen ziehen die jünglinge von oben aufwärts in die länge, während die fußsohlen der jünglinge briefmarken auf die erde kleben. wenn dann den langgewordenen jünglingen die bärenfellmützen passen, schwören sie einen eid, niemals in die mundharmonika zu spucken, in der der große traurige könig king sitzt, den sie bewachen. daraufhin erlernen die meisten von ihnen das spiel auf der pfennigorgel und hängen ihre mundharmonika ans herz eines trödlers.

eine winzige nasse wasserrose erkletterte die sieben sprossen des mondes. unter der kuppel der sankt pauls-kathedrale flüsterte sie: sind sie die flüstergalerie? ja, flüsterte die flüstergalerie zurück.

drei städte
ein theaterstück in zwei akten und einem nachspiel

erster akt

lo	[beiseite]	:	ndon
p	[mit sich selbst redend]	:	aris
l	[ihm entgegen]	:	ondon
pa	[langsam vorkommend]	:	ris
lo	[aufstehend]	:	ndon
par	[der dazu kommt]	:	is
lon	[sich einhüllend]	:	don
pari	[beklemmt]	:	s
lond	[verschwindet hinter dem gitter]	:	on
paris	[hält das instrument mit zitternder hand]		
londo	[geht, mit sich selbst kämpfend, auf und ab, bis er losbricht]	:	n
rom	[steigt vom baum]		
london	[stürzt zur erde]		
rom	[ab]		
londo	[deutet nach links]	:	n
paris	[betrachtet ihn mit befremdung und erstaunen und schweigt eine zeitlang, eine starke innere bewegung zeigend]		
lond	[ihm steif in die augen sehend]	:	on
pari	[fortfahrend]	:	s
lon	[leise]	:	don
par	[von außen]	:	is
lo	[mit zeichen des erstaunens]	:	ndon
pa	[äußerst bitter]	:	ris
l	[von innen]	:	ondon
p	[außer sich]	:	aris
lo	[ebenso]	:	ndon

zweiter akt

l-l [mit sich selbst redend] : ondon ondon
pari-pari [hebt ihn in die höh und küßt ihn] : s s
lo-lo [langsam vorkommend] : ndon ndon
par-par [außer fassung, zitternd] : is is
lon-lon [ihm folgend] : don don
r-r [blickt schüchtern herein] : om om
pa-pa [dringender] : ris ris
ro-ro [sich erhebend und ihm entgegenhüpfend] : m m
lond-lond [zieht sich aus und an] : on on
p-p [der auf ihn zustürzt und seine hand ergreift, die er bis zum ende nicht wieder fahren läßt] : aris aris
londo-londo [drohend] : n n
p-p [küßt ihn] : aris aris
lond-lond [fruchtlos sich loszuwinden suchend] : on on
ro-ro [spielt und singt] : m m
pa-pa [grimmig lachend] : ris ris
r-r [ihm die hand auf die achsel legend, mit einer gewissen feierlichkeit] : om om
lon-lon [der früher spähend abgegangen ist, kommt jetzt eilig zurück] : don don
par-par [vertraulich näherrückend] : is is
lo-lo [kalt] : ndon ndon
pari-pari [ihm ein kleines gemälde zeigend] : s s
l-l [die hand schmerzlich nach der gruppe hinbreitend] : ondon ondon

nachspiel

erste szene

london	[auf sie zueilend und ihre hand fassend]	:	rondon
rom	[versucht zu antworten, stockt aber und schlägt den blick verlegen zu boden]		
paris	[eine ihrer hände fassend und mit der andern über ihre stirn streichend]	:	pondon
london	[huscht fort, mit weit aufgerissenen augen vor sich hinstarrend]		
paris	[sich nähernd]	:	pom
rom	[versucht zu antworten, stockt aber und schlägt den blick verlegen zu boden]		
london	[mit tränenerstickter stimme]	:	laris

zweite szene

rom		:	du gehst ich gehe ja so komm
paris		:	wir haben ihn wen meint ihr habt ihr was ists
london		:	laß mich geh verrat mich du vergißt dich geh mir aus dem gesicht
paris	[kommt mit einem brief]		
rom		:	es scheint er hats
london		:	ja meine teuerste

7 kuren

stilton cheese
cureth
warts
wormeth
through needles
calleth
BBC
moist soulful

booooooooooooooooooooooooo
rrrrrannn
sse
mirrr
dda
ppu
pilllllllllllllllllllllllllllllllllllllllllllllllllllllllllllll
eaussss
mmi
ttirrrn
booooooooooooooooooooooooo
rrrrra
hrrrrrrr
zzznnnrrtzt

wasser
kalt
wasser
kalt
kaltwasser
wasserkalt
kaltwasserkalt
wasserkaltwasser
kaltwasserkaltwasserkalt
wasserkaltwasserkaltwasser
ka
ku
ka
ku
ka
kur
kur
kur
kur
wasserkaltwasserkaltwasser
kaltwasserkaltwasserkalt
wasser
wasser
wasser
wasser
kalt
kalt
kaltkaltkalt
sebastian
ka
kur
ka
kur
kukuku
ka
kurkurkur
naturnatur so

natur soso
sebastian
wasserheil
kaltwasserheil
kaltwasserheilwasserheil
heilwasserwasserkalt
heilkalt
ka
kur
ka
kur
kukuku
knei
p
p
p
knei
p
p
kneipp sebastian

einganzeslavoireinganzeslavoireinganzeslavoireinganzeslavoi
reinganzeslavoireinganzeslavoireinganzeslavoireinganzesla
voireinganzeslavoireinganzeslavoireinganzeslavoireing
anzeslavoireinganzeslavoireinganzeslavoireingan
zeslavoireinganzeslavoireinganzeslavoir
beschützmichgottvorsovielwasser

bitteschneu
2
3
4
5
6
7
8
9
10
bitteschneu
3
4
5
6
7
8
9
10
bitteschneu
4
5
6
7
8
9
10
bitteschneu
5
6
7
8
9
10

bitteschneu
6
7
8
9
10
bitteschneu
7
8
9
10
bitteschneu
8
9
10
bitteschneu
9
10
bitteschneu
11

drei visuelle lippengedichte

diese gedichte sind gewidmet:
dem schnurrbart von daniel jones,
dem großen englischen phonetiker

das visuelle lippengedicht ist die umkehrung des visuellen papiergedichtes. der rezitator ist das papier des visuellen lippengedichtes. das visuelle lippengedicht wird ohne tonbildung gesprochen. es wird mit den lippen in die luft geschrieben. der ungeübte leser spricht das visuelle lippengedicht vor dem spiegel. beim geübten leser genügt die bewegung des mundes, um den visuellen eindruck des gedichtes entstehen zu lassen. wer visuelle lippengedichte auswendig kann, wird nie mehr völlig erblinden. das visuelle lippengedicht hebt taubheit, stummheit und taubstummheit auf. den blindgeborenen allein vermag es nicht zu erreichen.

1

ö i u a
ö i u a
ö i u a
ö
i——i
u
a
a
a

2

m
w
m
w
m
w
o
m

3

a
ba
a
ba
f
i
ba
bi
ab

8 der blitz

der blitz der in der schlange entsteht
fährt im zickzack aus derselben nieder
wie sich die wolke bewegt

hohe gegenstände
werte gegenstände
geehrte gegenstände
verehrte gegenstände
erlauchte gegenstände
sehrgeehrte gegenstände
sehrverehrte gegenstände
hochzuverehrende gegenstände
hochverehrte gegenstände
hochgeehrte gegenstände
erlauchte gegenstände
verehrte gegenstände
geehrte gegenstände
werte gegenstände
hohe gegenstände

trifft der blitz
solche die auf freiem plane sich bewegen
berggipfel die auf freiem plane sich bewegen
türme die auf freiem plane sich bewegen
bäume die auf freiem plane sich bewegen

solche reiter
trifft der blitz

schützen nicht
riegel und harnisch
schützen nicht
riegel und harnisch
schützen nicht
riegel und harnisch

ziehen
und wie sie so ziehen
ziehen sie und ziehen sie
und wie sie so ziehen und ziehen
ziehen sie so und so und so und so und so
und ziehen und ziehen und ziehen so und so und so
und wie sie so ziehen und ziehen und so und so und so ziehen
und ziehen und ziehen und ziehen so und so und so
ziehen sie so und so und so und so und so
und wie sie so ziehen und ziehen
ziehen sie und ziehen sie
und wie sie so ziehen
ziehen

riegel und harnisch
den blitz sogar an
schützen nicht
den blitz sogar an
riegel und harnisch
den blitz sogar an

das mädchen bringt blumen und früchte
aus einem glücklichern himmelsstrich

übrrlll
drrrngtrrr
drrrch

übrrlll
drrrngtrrr
drrrch

übrrlll
drrrngtrrr
übrrlll
drrrngtrrr
übrrlll
übrrlll

drrrch
drrrch
drrrch
drrrch

aber besonders gern benützt er für seinen weg
METALL
stein
stein
maur
maur
maur
stiegenhaus
stiegenhaus
stiegenhaus
stiegenhaus
hlz
hlz
hlz
hlz
hlz
aber besonders gern benützt er für seinen weg
METALL

auch
auch kommt
auch kommt er
auch kommt er aus

kommt er
kommt er auch
kommt er aus auch

auch
auch kommt
auch kommt er
kommt er auch aus
er kommt aus

er kommt auch aus
er kommt aus auch
aus kommt er auch
auch aus kommt er
auch er kommt aus

der atmosfäre
der auster
aus der atmosfäre
der auster
aus der auster
der atmosfäre
aus der auster der atmosfäre der auster
aus der atmosfäre der auster der atmosfäre
aus der auster der auster der atmosfäre
aus der atmosfäre der atmosfäre der auster

mit schnelligkeit und wut

niemand kennt den ursprung des mädchens
niemand weiß wohin es geht

bäume im forst
bäume im forst
bäume im forst
schmelzet
bäume im forst
schmelzet
zu schwach
metall
zu schwach
metall
o schwach
metall
zu schwach
metall
o zu schwach
metall
o du
zu schwach
o du
zu schwach
o du
zu schwach

bäume im forst
bäume im forst
bäume im forst

und seine gewalt vernichtet im blick
und seine gewalt vernichtet in den augen
und seine gewalt vernichtet in den augen

baum

ein
doo
ein
doo
dooschlogdadoo
dooschlogdadoo
ein
doo
ein
doo
dooschlogdadoo
dooschlogdadoo
dooschlogdadoo
dooschlogda
ein
doo
ein
doo
dooschlogda
dooschlogda
ein
doschlogdadood
dooschlogda
ein
doschlogdadood
dooschlogda
ein
doschlogdadood
doschlogdadood
doschlogdadood
dooschlogda
dooschlogda
doo
schloogda
doo
schloogda
doo
doo
doo
ein
doo

kaum aber hat sich der blitz entladen so sehen wir

nichts mehr von ihm

er ist erloschen
er ist erloschen

9 jahreszeiten

springbrunnen

die blumen haben namen um, die parkbänke rodeln unter den doppelkinnen der liebespaare, die wolken tanken blaues benzin und jagen mit fliegenden krawatten über den himmel. aus den astlöchern der straßenbahnkontrollore schlüpfen honigfrische schmetterlinge, spucken einander in die schnurrbärte und drehen daraus eine drahtseilbahn. zwei matratzen wiehern plötzlich wie kühe und werden von einem amtsrat in die mütze gemolken. hölzerne knaben werden über nacht zu vaselinlöwen und brüllen wie kandelaber, die mädchen essen mit stimmgabeln, und die stecknadelköpfe der professoren gehen in den halskrausen der gänseblümchen unter.

der atlas

der atlas
muß
den globus
tragen
auf dem

der major
der matador
und ein bataillon barone

blumensträuße
jagen

in weißem hemd
pocht
die trübe nacht

am strand
klagen
die purpurschuh

mein gürtel
dämmert
zum haus zurück

mein boot
spiegelt
im mohnduft

mineralien
irren
hier im wald

aus dem lieben mund
ziehen
duftende becher

die wunderschöne kleine
hängt
im apfelbaum

im staube
gehet
alexis

im

wolken
ticken

es musikt
durch die wand

wolken

ticken

schreiefenstern

des vaters
knie
blickt schon schwächer

die ohren
der kleinen kinder
fallen raschelnd

einsam
welkt
ein meisterstück

ein schneebild

bitter
        bitter schon
bitteschön
        bildschön
                        bildschöne puppe
        bittere pupille
bitteschön

schneebild
                mit dem vogel
schneebild
                der vogel
schneebild
                mit dem vogel

weiß weiß weiß weiß weiß ich
blau
bst du mir
grün grün grün grün
grünßen sie ihn von mir
grünßen sie ihn von mir
grünßen sie ihn von mir
vio
letztes mal
vio
letztes mal
rot rot rot rot
schherunter
rot
schherunter
rot
schherunter

bst

treiben
im schnee
treiben
im schnee
treiben
im schnee
treiben
im schnee
treiben

dezem
　　ember
　zember

kalligrafiert

die krähe

10 zehn abend-gedichte

eos

willkommen o
zuckt
neumann
blick her auf mich

als vogel ist er
faul im korb
ich zücke
lava

früh dir rosen
aber du
bist
schultern

bald im blauen
fällt dir
feuer
vor meine füße

das stürmische doch
sucht mich

das stürmische doch
sucht mich im trauern

das stürmische doch
sucht mich

daß ich im trauern
sanft und klar

härte

ein reh

zweier
frauen
baden
dreht
ein reh
aus silbernem papier

spott
um einen kuß
gemauert
bringt
sie
in unsre gräber

flamme
der
warmen
blumen
tret ich hinzu
weil andre
blute
längst vermorscht
sind

nie hab ich

bild
geht
leise

krank
sprüht
durchrann

vögel schar
füllt
strahlen

osten
fegt
wahrer mund

fort
korn
weit wie

fort
korn
wie weit

weit
wie
schiffbruch

wie
weite

zu dir
mich schauen

ich
ging

und meine
ich träume

du

hast es verschuldet
der großen brille
klüften

die sonne hatte
schon die halme
froh

dunklen lichtes voll
geht
nach der erde

deine stille

sinkt

vergessen
der rotbrust
tod

tier und vögel
klagen
niedergang

nagen
lichte

der ärmste
soll
da schloß

eine quelle
seines steigens
wiesen

tauben
in einigen
jahren

ich bin schön
schwellen
lichte

sanft und klar

das stürmische doch
die bei den
fetter grüne du
hast du besser

sucht mich ein
daß dich der
im trauern soll sich
da was mein friedel

sanft und klar
durch dein wort nur
süß ists wenn
saug ich aus

nicht mehr wonach
ein korn von bisam
härte schwand auf
dorthin mit dir

neig dich der
nur noch ein
das ward ihm
herrin wär

ist auch ein
nun nimmermehr
weiß ich wer
wohin die

11 bestiarium

eulen

bist eulen
ja
bin eulen
ja ja
sehr eulen

bist auch eulen
ja
bin auch eulen
sehr eulen
ja ja

will aber nicht mehr eulen sein
bin schon zu lang eulen gewesen

will auch nicht mehr eulen sein
bin auch schon zu lang eulen gewesen

ja
mit dir da
mit dir da auch
bin nicht mehr eulen ja
bin nicht mehr eulen auch
ja ja
ja ja auch

doch wer einmal eulen war
der wird eulen bleiben immer
ja

ja ja

ernst jandls weihnachtslied

machet auf den türel
machet auf den türel
dann kann herein das herrel
dann kann herein das herrel
froe weihnacht
froe weihnacht
und ich bin nur ein hund
froe weihnacht
froe weihnacht
und ich bin nur ein hund

auf dem land

rininininininininDER
brüllüllüllüllüllüllüllüllEN

schweineineineineineineineinE
grunununununununununZEN

hunununununununununDE
bellellellellellellellellEN

katatatatatatatatZEN
miauiauiauiauiauiauiauiauEN

katatatatatatatatER
schnurrurrurrurrurrurrurrurrEN

gänänänänänänänänSE
schnattattattattattattattattERN

ziegiegiegiegiegiegiegiegEN
meckeckeckeckeckeckeckeckERN

bienienienienienienienienEN
summummummummummummummummEN

grillillillillillillillillEN
ziriririririririrPEN

fröschöschöschöschöschöschöschöschE
quakakakakakakakakEN

hummummummummummummummummELN
brummummummummummummummummEN

vögögögögögögögögEL
zwitschitschitschitschitschitschitschitschERN

viel
vieh
o
so
viel
vieh
so
o
so
vieh
sophie
o
sophie
so
solo
sophie
solo
so
o
so
solo
sophie
o
so
viel
vieh
sophie
o
so
solo
sophie
o
so
viel
sophie
so
viel
vieh

o
sophie
so
viel
o
sophie
o
so
viel
vieh
o
sophie
so
viel
o
sophie
so
viel
o
sophie
so
viel
vieh
o
sophie
o
so
viel
o
sophie
viel
o
sophie
viel
o
o
sophie

die klinke des pinguins

der fuß die blume das horn der bach die bühne die feder der mond das brot der pelz die uhr der krebs das geld die schnalle der blitz die glocke das nest die gabel der teppich das pendel der mantel die zunge die kugel der herbst die schlinge das pult der kater die taste der sand die trompete die wiese der zwirn das schwert die rübe der bock der besen die spinne der kübel die sonne der hund der brunnen die amsel das kompott der henkel die zehe die schnecke der schein das ohr die schnur die pupille die drossel die schere der keller das florett die küste die achsel der hammer die geige der ziegel das schiff die birne der schlüssel die peitsche der kalender der fisch der frack das kreuz der zahn der wein das kamel die melone das lied das geweih der baum die forelle die sichel der regen die daune das glas das kinn die zinke das echo der tee der kuß das blei der daumen die hummel das fleisch der tenor die wüste das ei die fahne der bastard die lücke das zebra das rätsel der lift die seele die milch der ball die treppe der frosch der faden die jause die klinke der pinguin

beim fuß ohne blume mit dem horn beim bach ohne bühne mit der feder beim mond ohne brot mit dem pelz bei der uhr ohne krebs mit dem geld bei der schnalle ohne blitz mit der glocke beim nest ohne gabel mit dem teppich beim pendel ohne mantel mit der zunge bei der kugel ohne herbst mit der schlinge beim pult ohne kater mit der taste beim sand ohne trompete mit der wiese beim zwirn ohne schwert mit der rübe beim bock ohne besen mit der spinne beim kübel ohne sonne mit dem hund beim brunnen ohne amsel mit dem kompott beim henkel ohne zehe mit der schnecke beim schein ohne ohr mit der schnur bei der pupille ohne drossel mit der schere beim keller ohne florett mit der küste bei der achsel ohne hammer mit der geige beim ziegel ohne schiff mit der birne beim schlüssel ohne peitsche mit dem kalender beim fisch ohne frack mit dem kreuz beim zahn ohne wein mit dem kamel bei der melone ohne lied mit dem geweih beim baum ohne forelle mit der sichel beim regen ohne daune mit dem glas beim kinn ohne zinke mit dem echo beim tee ohne kuß mit dem blei beim daumen ohne hummel mit dem fleisch beim tenor ohne wüste mit dem ei bei der fahne ohne bastard mit der lücke beim zebra ohne rätsel mit dem lift bei der seele ohne milch mit dem ball bei der treppe ohne frosch mit dem faden bei der jause ohne fuß mit der blume beim horn ohne bach mit der bühne bei der feder ohne mond mit dem brot beim pelz ohne uhr mit dem krebs beim geld ohne schnalle mit dem blitz bei der glocke ohne nest mit der gabel beim teppich ohne pendel mit dem mantel bei der zunge ohne kugel mit dem herbst bei der schlinge ohne pult mit dem kater bei der taste ohne sand mit der trompete bei der wiese ohne zwirn mit dem schwert bei der rübe ohne bock mit dem besen bei der spinne ohne kübel mit der sonne beim hund ohne brunnen mit der amsel beim kompott ohne henkel mit der zehe bei der schnecke ohne schein mit dem ohr bei der schnur ohne pupille mit der drossel bei der schere ohne keller mit dem florett bei der küste ohne achsel mit dem hammer bei der geige ohne ziegel mit dem schiff bei der birne ohne schlüssel mit der peitsche beim kalender ohne fisch mit dem frack beim kreuz ohne zahn mit dem wein beim kamel ohne melone mit dem lied beim geweih ohne baum mit der forelle bei der sichel ohne regen mit der daune beim glas ohne kinn mit der zinke beim echo ohne tee mit dem kuß beim blei ohne daumen mit der hummel beim fleisch ohne tenor mit der wüste beim ei ohne fahne mit dem bastard bei der lücke ohne zebra mit dem rätsel beim lift ohne seele mit der milch beim ball ohne treppe mit dem frösch beim faden ohne jause mit dem fuß bei der blume ohne horn mit dem bach bei der bühne ohne feder mit dem mond beim brot ohne pelz mit der uhr beim krebs ohne geld mit der schnalle beim blitz ohne glocke mit dem nest bei der gabel ohne teppich mit dem pendel beim mantel ohne zunge mit der kugel beim herbst ohne schlinge mit dem pult beim kater ohne taste mit dem sand bei der trompete ohne wiese mit dem zwirn beim schwert ohne rübe mit dem bock beim besen ohne spinne mit dem kübel bei der sonne ohne hund mit dem brunnen bei der amsel ohne kompott mit dem henkel bei der zehe ohne schnecke mit dem schein beim ohr ohne schnur mit der pupille bei der drossel ohne schere mit dem keller beim florett ohne küste mit der achsel beim hammer ohne geige mit dem ziegel beim schiff ohne birne mit dem schlüssel bei der peitsche ohne kalender mit dem fisch beim frack ohne kreuz mit dem zahn beim wein ohne kamel mit der melone beim lied ohne geweih mit dem baum bei der forelle ohne sichel mit dem regen bei der daune ohne glas mit dem kinn bei der zinke ohne echo mit dem tee beim kuß ohne blei mit dem daumen bei der hummel ohne fleisch mit dem tenor bei der wüste ohne ei mit der fahne beim bastard ohne lücke mit dem zebra beim rätsel ohne lift mit der seele bei der milch ohne ball mit der treppe beim frosch ohne faden mit der jause bei der klinke ohne pinguin

die fußblume das blumenhorn der hornbach die bachbühne die bühnenfeder der federmond das mondbrot der brotpelz die pelzuhr der uhrenkrebs das krebsgeld die geldschnalle der schnallenblitz die blitzglocke das glockennest die nestgabel der gabelteppich das teppichpendel der pendelmantel die mantelzunge die zungenkugel der kugelherbst die herbstschlinge das schlingenpult der pultkater die katertaste der tastensand die sandtrompete die trompetenwiese der wiesenzwirn das zwirnschwert die schwertrübe der rübenbock der bockbesen die besenspinne der spinnenkübel die kübelsonne der sonnenhund der hundebrunnen die brunnenamsel das amselkompott der kompotthenkel die henkelzehe die zehenschnecke der schnekkenschein das scheinohr die ohrschnur die schnurpupille die pupillendrossel die drosselschere der scherenkeller das kellerflorett die florettküste die küstenachsel der achselhammer die hammergeige der geigenziegel das ziegelschiff die schiffsbirne der birnenschlüssel die schlüsselpeitsche der peitschenkalender der kalenderfisch der fischfrack das frackkreuz der kreuzzahn der zahnwein das weinkamel die kamelmelone das melonenlied das liedgeweih der geweihbaum die baumforelle die forellensichel der sichelregen die regendaune das daunenglas das glaskinn die kinnzinke das zinkenecho der echotee der teekuß das kußblei der bleidaumen die daumenhummel das hummelfleisch der fleischtenor die tenorwüste das wüstenei die eifahne der fahnenbastard die bastardlücke das lückenzebra das zebrarätsel der rätsellift die liftseele die seelenmilch der milchball die balltreppe der treppenfrosch der froschfaden die fadenjause die jausenklinke der klinkenpinguin

auf dem fuß der blume und unter dem horn des baches auf der bühne der feder und unter dem mond des brotes auf dem pelz der uhr und unter dem krebs des geldes auf der schnalle des blitzes und unter der glocke des nestes auf der gabel des teppichs und unter dem pendel des mantels auf der zunge der kugel und unter dem herbst der schlinge auf dem pult des katers und unter der taste des sandes auf der trompete der wiese und unter dem zwirn des schwertes auf der rübe des bockes und unter dem besen der spinne auf dem kübel der sonne und unter dem hund des brunnens auf der amsel des kompotts und unter dem henkel der zehe auf der schnecke des scheines und unter dem ohr der schnur auf der pupille der drossel und unter der schere des kellers auf dem florett der küste und unter der achsel des hammers auf der geige des ziegels und unter dem schiff der birne auf dem schlüssel der peitsche und unter dem kalender des fisches auf dem frack des kreuzes und unter dem zahn des weines auf dem kamel der melone und unter dem lied des geweihs auf dem baum der forelle und unter der sichel des regens auf der daune des glases und unter dem kinn der zinke auf dem echo des tees und unter dem kuß des bleis auf dem daumen der hummel und unter dem fleisch des tenors auf der wüste des eies und unter der fahne des bastards auf der lücke des zebras und unter dem rätsel des lift sauf der seele der milch und unter dem ball der treppe auf dem frosch des fadens und unter der jause der klinke auf dem pinguin

pinguinklinken klinkenjausen jausenfäden fadenfrösche froschtreppen treppenbälle ballmilch milchseelen seelenlifte lifträtsel rätselzebras zebralücken lückenbastarde bastardfahnen fahneneier eiwüsten wüstentenöre tenorfleisch fleischhummeln hummeldaumen daumenblei bleiküsse kußtee teeechos echozinken zinkenkinne kinngläser glasdaunen daunenregen regensicheln sichelforellen forellenbäume baumgeweihe geweihlieder liedmelonen melonenkamele kamelweine weinzähne zahnkreuze kreuzfräcke frackfische fischkalender kalenderpeitschen peitschenschlüssel schlüsselbirnen birnenschiffe schiffsziegel ziegelgeigen geigenhämmer hammerachseln achselküsten küstenflorette florettkeller kellerscheren scherendrosseln drosselpupillen pupillenschnüre schnurohren ohrenscheine scheinschnecken schneckenzehen zehenhenkel henkelkompotte kompottamseln amselbrunnen brunnenhunde hundssonnen sonnenkübel kübelspinnen spinnenbesen besenböcke bockrüben rübenschwerter schwertzwirne zwirnwiesen wiesentrompeten trompetensand sandtasten tastenkater katerpulte pultschlingen schlingenherbste herbstkugeln kugelzungen zungenmäntel mantelpendel pendelteppiche teppichgabeln gabelnester nestglocken glockenblitze blitzschnallen schnallengeld geldkrebse krebsuhren uhrenpelze pelzbrote brotmonde mondfedern federbühnen bühnenbäche bachhörner hornblumen blumenfüße

seit der fuß für die blume mit dem horn beim bach hinter der bühne ohne feder den mond um brot im pelz nach der uhr an krebs wegen geld anstatt der schnalle zugunsten des blitzes innerhalb der glocke zwischen nest und gabel ungeachtet des teppichs auf dem pendel unterhalb des mantels oberhalb der zunge als kugel gegen den herbst der schlinge halber samt pult und kater um der taste willen deren sand für die trompete mit der wiese beim zwirn hinter dem schwert ohne rübe den bock um einen besen in der spinne nach dem kübel an der sonne wegen eines hundes anstatt des brunnens zugunsten der amsel innerhalb des kompottes zwischen henkel und zehe ungeachtet der schnecke auf dem schein unterhalb des ohres oberhalb der schnur als pupille gegen die drossel der schere halber samt keller und florett um der küste willen obwohl die achsel für den hammer mit der geige beim ziegel hinter dem schiff ohne die birne den schlüssel um eine peitsche im kalender nach dem fisch an einem frack wegen eines kreuzes anstatt des zahnes zugunsten des weines innerhalb des kamels zwischen melone und lied ungeachtet des geweihs auf dem baum unterhalb der forelle oberhalb der sichel als regen gegen die daune des glases halber samt kinn und zinke um des echos willen wodurch der tee für den kuß mit dem blei beim daumen hinter der hummel ohne fleisch den tenor um eine wüste im ei nach der fahne an einem bastard wegen einer lücke anstatt des zebras zugunsten des rätsels innerhalb des lifts zwischen seele und milch ungeachtet des balles auf der treppe unterhalb des frosches oberhalb des fadens als jause gegen die klinke des pinguins

unendlich
unentbehrlich
unentgeltlich
die haarnadel einer forelle
die blauen handschuhe einer henne
die mütze einer roten maus

bestiarium

für gerhard rühm

rrrrrrrrrrrrrrrrrrrrrrrrrrrrrrrrrrrrrrrrrrrrrrrrrrrrr
au
eise
rauß
weh
zelle
liege
geh
liege
geh
liege
geh
ecke
liege
geh
ecke
liege
rrrrrrrrrrrrrrrrrrrrrrrrrrrrrr
ops ops
s————c————h
pfau
au
pfau
au
pfau
au
rrrrrrrrrrrrrr
ameise
eise
ameise
eise
ameise
au
pfau
eise
ameise
au

libelle
belle
pfau
au
ameise
eise
belle
libelle
belle
libelle
belle
s————c————h
fliege
liege
geh
fliege
liege
geh
liege
geh
liege
geh
zelle
gazelle
gazelle
gazelle
liege
geh
liege
geh
ameise
fliege
pfau
belle
fliege
eise
libelle
au
belle
gazelle
fliege

gazelle
zelle
zelle
gazelle
geh
liege
geh
rrrrrrrrrrrrrrrrrrrrrrrrrrrrrr
bär
rrrrrrrrrrrrrr
bär
rrrrrrrrrrrrrr
bär
rrrrrrrrrrrrrr
bär
rrrrrrrrrrrrrr
ameise
eise
zelle
gazelle
libelle
belle
fliege
liege
geh
schnecke
ecke
ameise
ecke
schnecke
zelle
gazelle
ecke
schnecke
au
pfau
rrrrrrrrrrrrrr
hirsch
s————c————h
goldfisch
s————c————h

löwe
weh
löwe
weh
löwe
weh
goldfisch
au
kalb
b
kalb
b b
kalb
s———c———h
ameise
eise
libelle
belle
wurm
rrrrm
wurm
rrrrm
kalb
b b
schnecke
necke
mops
ops ops
löwe
ops ops
löwe
weh
bär
rrrr
bär
rrrr
bär
ops ops
hirsch
au
ameise

eise
mops
ops ops
elch
ch ch ch
löwe
ch ch ch
goldfisch
b
kalb
b b
o o
floh
o o o
floh
o
pfau
au
ameise
eise
libelle
belle
fliege
liege
geh
gazelle
zelle
bär
rrrr
schnecke
ecke
necke
hirsch
s—c——h
goldfisch
s—c——h
löwe
weh
kalb
b b
wurm

rrrrm
mops
ops ops
elch
ch ch ch
floh
o o
ops ops
ch ch ch
rrrrrrrrrrrrrrrrrrrrrrrrrrrrrr
s————————c————————h
rrrrm
rrrrm
strauß
rauß
aus
maus
b b

wo bleibb da
hummoooa
wo bleibb da
hummmoooooa
wo bleibb darrr
hummmmmoooooooooa
darrr kööönich vonn
hummmmmmmmoooooooooooooooooa
rrrrr

risch
risch
risch
risch
lüüüüüüüüüüü

gisch
gisch
gisch
gisch
traaaaaaaaaaa

flisch
flisch
flisch
flisch
tooooiiiiiiiiiiiiiiiii

sisch
sisch
sisch
sisch
muuuuuuuuuu

tee : ein stück

:
:
lieber : tee
:

[egal] :
ich : tee
:

:
fragt :
[er nie] : tee
:

BESSEMERBIRNEN

als mehr kanonen

wieder ein reuter
und wieder ein reuter
und wieder ein reuter
und wieder ein reuter
was kann man da noch dementieren?

epigramm

brrrrrrrrrrrrrrrrrrrrrrrrrrrrrrrr
imääääääa
imääääääa
imääääääa
imääääääa
—
affe
—
k t

der vater
kontrolliert
seinen langen

bart

la zeechn u bapp
la zeechn u bapp
iileo zunggi
iileo zunggi
la zeechn u bapp
la zeechn u bapp
iileo zunggi
safftla

verscheuchung zweier farben

z
b
rz
lb
arz
elb
warz
gelb
s————————c————————h
gelb
warz
elb
arz
lb
rz
b
z

runzte ber

kin den übel
kin den übel
runzte ber
runzte ber
dach nem okitus
dach nem okitus
runzte ber
runzte ber
o natur
o natur
kin den übel
runzte ber

schnu

p

f

ttabba

k k k k

zweierlei handzeichen

ich bekreuzige mich
vor jeder kirche
ich bezwetschkige mich
vor jedem obstgarten

wie ich ersteres tue
weiß jeder katholik
wie ich letzteres tue
ich allein

lichtung

manche meinen
lechts und rinks
kann man nicht
velwechsern.
werch ein illtum!

psssnt

es pssniest

ein psnychologe

fotografie a. ok.

in zeiten der
trauer lieg
ich auf der
lauer und
freue mich
diebisch
fragt sich nur worübisch

japanische wunderblume

china
kann
kahn
kind

einst
weilen
wasser
lauben

minz den gaawn

minz den gaawn
bill den baud
minz den gaawn
bill den baud
kittl koo
kittl koo
minz den gaawn
gnaz den eschn
ruttl znop

13 klare gerührt

klare [gerührt]
goethe

<table>
<tr><td>kla</td><td align="right"></td></tr>
<tr><td>kl</td><td align="right">t</td></tr>
<tr><td>k</td><td align="right">rt</td></tr>
<tr><td></td><td align="right">hrt</td></tr>
<tr><td></td><td align="right">ührt</td></tr>
<tr><td>k</td><td align="right">rührt</td></tr>
</table>

```
kla
kl            t
k            rt
            hrt
           ührt
k         rührt
kl       erührt
kla     gerührt
klar
```

```
klare  gerührt
klare  gerühr
klare  gerüh
klare  gerü
klare  ger
klare  ge
klare  g
klare
klare
klar  eg erührt
kla   ege rührt
kl    eger ührt
k     egerü hrt
 klar egerüh rt
 klar egerühr t
  lar egerührt
   ar egerührt
    r egerühr
      egerüh
      egerü
      eger
      ege
      eg
      e

      e
      eg
      ege
      eger
      egerü
      egerüh
      egerühr
      egerührt
      egerührt
      egerühr
      egerüh
      egerü
      eger
      ege
      eg
      e
k
 klar
  lar
   ar
    r
```

```
            hrt
           ührt
k         rührt
kl       erührt
kla     gerührt
klar   egerührt
klar   egerührt
kla     gerührt
kl       erührt
k         rührt
           ührt
            hrt
```

      e
    r
   ar
  lar
 klar

k
kl
kla
klar

kla

    r e

        gerührt

k
k
k

       g
 l   g
       g
       g
       g
       g
       g
 l   g
 l   g   t
       g   rt
  a   g   h t
  a   g   ü t
       g r   t
       g e   t
      e g   t
              t
              t
      e   t
  a   e   t
          r   t
           ü t
    r   ü h t
    r   ü rt
    r   ü   t
          ü
          ü
          ü
          ü
          ü

      e
      e

              t

```
k
 l            t
              t
               t
               t
               t
 a r           t
  ar           t
               t
     e         t
               t
               t
  ar           t
 a r           t
 ar            t
 ar            t
 a r           t
  ar           t
               t
              t
              t
               t
              rt
             h t
            ü  t
           r   t
          e    t
         g     t
               t
```

k
l
a
r e
e
e
e t
g r
e h
r ü
ü

k
l
a
r e
e
e
e

e r
g ü
h
r
t

```
  klare
  klare
  klare
  klare
  klare
  klare
  klare
  klare
  klare
  klar
  kla
  kl
  k


k
kl
kla           t
klar         rt
klar        hrt
kla        ührt
kl        rührt
k        erührt
        gerührt
       egerührt
k      egerührt
kl      gerührt
kla      erührt
klar      rührt
klar       ührt
kla         hrt
kl           rt
k             t
 klar egerührt
  lar egerühr
   ar egerüh
    r egerü
      eger
      ege
    r eg
   ar e
  lar
 klar
 klar e
      eg
      ege
      eger
      egerü
      egerüh
      egerühr
      egerührt
      egerührt
      egerühr
      egerüh
      egerü
      eger
      ege
      eg
klar  e gerührt
```

t
r
h
ü
r
e
g

e
e
e
e
e
k e
l e
a e
r e
e
e
e
e
e
e
e

t
r
h
ü
k r
l e
a g
r e

r
a
l
k

e
g
e
r
ü
h
r
t

```
      gerührt
      gerühr
      gerüh
      gerü
      ger
      ge
      g

      eg
    r ege
   ar eger
  lar egerü
 klar egerüh
 klar egerühr
  lar egerührt
   ar egerührt
    r egerühr
      egerüh
      egerü
    r eger
   ar ege
  lar eg
 klar e
 klar
  lar
   ar e
    r eg
      ege
      eger
    r egerü
   ar egerüh
  lar egerühr
 klar egerührt
 klar egerührt
k              t
```

```
kla
kl              t
k              rt
              hrt
             ührt
k           rührt
kl         erührt
kla       gerührt
klar     egerührt
klar     egerührt
kla       gerührt
kl         erührt
k           rührt
             ührt
              hrt
k              rt
kl              t
kla
klar
```

   r e
  ar eg
 lar ege
klar eger
klar egerü
 lar egerüh
  ar egerühr
   r egerührt
     egerührt
     egerühr
   r egerüh
  ar egerü
 lar eger
klar ege
klar eg
 lar e
  ar
   r
     e

            hrt
             rt
              t

              t
             rt
            hrt

kla
kl
k

k
kl
kla

    r
   ar
  lar
              t
             rt
k   hrt
kl
kla

      e
      eg
      ege

            hrt
             rt
              t

            hrt
             rt
              t

k
       t
k
  r   t

  r
k
   e
k
   e
  r

  r
k   t

k   t
  r

  r
   e
k
   e
k
  r

  r   t
k
       t
k
  r
   e
  r
k e

k
  r
       t
  r
       t

sprechblasen

vorwort

1

der baum ist kunstvoll
und alles in der luft
zugleich. von weitem
erhebt natur den schatten.
luftig in der hand schwindet
die schwarze tiefe. noch unvertrieben
kommt die erwähnte
kurze kurze zeit.
schnee und reif
sind eng genug dazu.
horch! die kirschen
enthüllt er gelassen.

2

verhaftet
in diesem haufen stein
blickt er
aus strahlen
nach norden.
an kopf und kinn
die sterne des himmels
flogen tief
aus genieteten augen.
etwas ist
der käfer.
ein feuerball.
dreißigtausend
gebar
ein sandkorn.

3

rascher, kleiner: das
ist ordnung und
verstaubt.

weiter
umschweben
die breitschultrigen straßen
grat und boot.

wurzelfest gebrannt,
den schnabel steil,
krächzen
zahlen.

ein fremdes schleift
hinter den blitzen her.

die wolle
frischer geschlechter
ist angepaßt.

nur nur
nur nur
nur nur
nur nur
nur nur
nur nur
nur nur
nur nur
nur nur
nur nur
nur nur
nur nur
nur nur
nur nur
nur nur
nur nur
nur nur
nur nur
nur nur
nur nur
nur nur
nur nur
nur nur
nur nur
nur nur
nur nur
nur nur
nur nur
nur nur
nur nur
nur nur
nur nur
nur nur
nur nur
nur nur
nur nur
nur nur
nur nur
nur nur
nur nur
nur nur
nur nur
nur nur
nur nur
nur nur
nur nur
nur nur
nur nur
nur nur
nur nur
nur nur
nur nur
nur nur
nur nur
nur nur

schwör
schwör
schwör
schwör

schwör
schwör
schwör
schwör

schwör
schwör
schwör
schwör

beschwören
beschwören
beschwörde

schwere
steine
schwere
steine
schwere stöhne schwere stöhne
schwöre steine schwöre steine
schwere stöhne schwere stöhne
schwöre
stöhne
schwöre
stöhne

banner und grauen des deutschen volkes

banner und grauen des deutschen volkes

banner und grauen des deutschen volkes

banner und grauen des deutschen volkes

banner und grauen des deutschen volkes

1944	1945
krieg	krieg
krieg	krieg
krieg	krieg
krieg	krieg
krieg	mai
krieg	
krieg	
krieg	
krieg	
krieg	
krieg	
krieg	

(markierung einer wende)

perfektion

e
ee
eei
eeio

p
pr
prf
prfk
prfkt
prfktn

ep
eepr
eeiprf
eeioprfk
eeioprfkt
eeioprfktn

pe
pree
prfeei
prfkeeio
prfkteeio
prfktneeio

prfkteneio
prfketneio
prfektneio
prefktneio
perfktneio

perfktenio
perfketnio
perfektnio

perfektino
perfektion

e) gegen sechs gehen mehrere mehreren entgegen
gegen zehn stehen mehrere neben mehreren
gegen elf sehen mehrere mehrere stehen
gegen sechs sprechen mehrere gegen mehrere
gegen zehn helfen mehrere mehreren gegen mehrere
gegen elf helfen mehrere mehreren weg
gegen sechs gehen mehrere mehreren entgegen

e) erregendes erregt erregendes
erregtes erregendes erregt erregendes
erregtes erregendes steht erregtem erregenden entgegen
erregtes geht gegen erregtes
versteckendes erregtes bettet steckendes bewegtes erregtes
klebendes wechselt versteckende steckende erregte bewegte
gebettete

e) jeder kennt ehen
neben ehen kennt jeder ehen
neben ehen kennt jeder ehen neben ehen
ehen entstehen eben
ehen entstehen neben ehen
ehen neben ehen entstehen eben neben ehen
ehen geben leben
leben entsteht
leben entsteht nebenher
leben entsteht neben ehen
leben entsteht eben

e) schweres hebt schweres schwerem entgegen
wege legen wege neben wegen weg
lebendes dreht lebendes lebendem entgegen
gestrecktes streckt gestrecktes gestrecktem entgegen
quellen entquellen quellen neben quellen
stellen stellen stellen neben stellen weg
helles bellt hell hellem entgegen
festes preßt festes neben festem fest

e) stehendes sehendes entdeckt bewegtes vergehendes
entdecktes bewegtes vergehendes weckt rettendes
bewegtes vergehendes bewegt rettendes gegen entdecktes
bewegte
bewegtes rettendes streckt rettendes gegen entdecktes
bewegte
rettendes stemmt gerettet werdendes gegen rettendes festes
rettendes festes bettet gerettetes

e) schweden schweden
schweden schweden jeden
schweden schweden jeden berg
schweden nennen jeden berg schwedenberg
schweden nennen jedes messer schwedenmesser
schweden essen messer

e) bettler steht neben bettler
bettler sehen gegebenem entgegen
sehende gehende sehen bettler neben bettler stehen
sehende bettler sehen gehende neben gehenden gehen
bettler sehende gehende entgehen gesehenen bettlern
bettler sehende gehende geben gesehenen bettlern
bettler nehmen gegebenes entgegen
sehende bettler sehen gegebenes
bettler stecken gegebenes weg
bettler sehen gegebenem entgegen

e) henker messen schwebende hemden
gefesselte dehnen bemessene strecken
henker berechnen bequeme brechstellen
gefesselte essen enge fenster leer
henker sehen gefesselte zerbrechende stege flechten
gefesselte zertreten erbetene erdbeben
henker entfernen letzte sehflecken
gefesselte essen zerquetschte kehlen

e) peter preßte den weg eng gegen den berg
der nebel preßte den berg eben
peter bewegte schwere hebel
es regnete sehr
jedes begegnen endete
der weg setzte rechen entgegen
peter stemmte meter gegen meter
jedes heben drehte peter gegen felsen
strenge ecken setzten messer entgegen
er steckte fest
er wetterte gegen den nebel
er stellte leere erde fest
er entdeckte den schrecken
er schmeckte jede strecke des endes
er ersehnte gelbe bettdecken
entlegene sessel neckten peter
der nebel des endes senkte den schweren hebel
peter scheffelte gesehenes
der endende nebel preßte den weg gegen den berg
peter begegnete dem betretenen weg
er lehnte den schrecken gegen den felsen
jetzt kennt peter den berg

st
und
en
und
st
und
en
und
st
und
en
und
st
und
en

vier variationen über ein gedicht von reinhard döhl

erste variation: sieben angeklagte

nummer eins vertrieb sich
die zeit
mit diesem und jenem
nummer zwei verbrachte
die auf erden ihm gegeben war
die zeit
nummer drei verging
mit ihr um
die wette
nummer vier ging auch dahin
nummer fünf
und verging
im handumdrehen
hiermit und damit
nummer sechs
so
nummer sieben
und
zum zeitvertreib

zweite variation: die sieben punkte der anklage

punkt eins vertrieb sich
die zeit
mit diesem und jenem

punkt zwei verbrachte
die auf erden ihm gegeben war
die zeit

punkt drei verging
mit ihr um
die wette

punkt vier	ging auch dahin
punkt fünf	und verging im handumdrehen hiermit und damit
punkt sechs	so
punkt sieben	und zum zeitvertreib

dritte variation:	wie die sieben verurteilten für ihre vergehen büßten
nummer eins	vertrieb sich die zeit mit diesem und jenem
nummer zwei	verbrachte die auf erden ihm gegeben war die zeit
nummer drei	verging mit ihr um die wette
nummer vier	ging auch dahin
nummer fünf	
	und verging im handumdrehen hiermit und damit
nummer sechs	so
nummer sieben	
	und zum zeitvertreib

vierte variation: führungszeugnis

vertrieb sich
die zeit
mit diesem und jenem
verbrachte
die auf erden ihm gegeben war
die zeit
verging
mit ihr um
die wette
ging auch dahin
und verging
im handumdrehen
hiermit und damit
so
und
zum zeitvertreib

(teilvariation: druckfehler

die zeit
verging
mit ihm um
die wette)

martyrium petri

fuß fuß

knie knie

mann

linke rechte

kinn

auge auge

eu	eu	eu
reu	reu	reu
kreu	kreu	kreu
z	z	z
reu	reu	reu
z	z	
eu	eu	eu
z		
kreu	kreu	kreu
z	z	z
reu	reu	
z	z	z
eu		
z	z	z
kreu	kreu	kreu
reu	reu	reu
eu	eu	eu

lateinisches gedicht

für friederike mayröcker

i

unterhalb
der zur linken liegt
so tief hinab
an einen punkt unterhalb
tiefer als
emporrücken
nachstehend

ii

erregen
angreifen
stammeln
sehr jung
unruhig
bedrohlich
höllendunkel
hineinstopfen

iii

der unterste teil
an der wurzel
heineinbringen
gezückt
zu hoch
zu tief
ins grab tragen
liegeordnung

iv

der niedrigste
der geringste
der schlechteste
styx
aufsieden
aus der tiefe der brust
der tiefe des herzens
renovare dolorem

v

bis zur rechten
bis zur linken
bis zum auge
tief hinab
baum
ohne früchte
galgen
so tief hinab

vi

hydra
inferno
opferwein
dem unglücksvogel
stürzen
ohne zustande gebracht zu haben
ohne zu beenden
silberbarren

vii

die wurzeln der hörner
sinkt ganz unter
brach einen streit vom zaun
sinkt ganz unter
das verlegene stammeln der scham
sinkt ganz unter
aufs pferd setzen
pluto

bethlehem

raus aber hinaus aber gewesen: rot
horn und horn – grau
ohr und ohr aus
dem mann in die frau sind

badet der seefahrer sein erstes
zwillingshorn zwillingsohr aug in aug
stütz dich auf den stab hab
hörner auf

wie die kuh du
dame ohne unterleib
gefangen im stall zu bethlehem fangend ein
gottes dem mann in die frau sind

kind

zur erinnerung an meinen
großvater dereinarmer
offiziergewesen

de
zember
schultertmich

aufinsaufinsaufinsauf

ihn
den wein der
  wei

hnacht

reihe

eis
zweig
dreist
vieh
füllf
ächz
silben
ach
neu
zink

erfolg beim dritten versuch

<table>
<tr><td rowspan="2">er versucht</td><td>sich</td><td>durch</td><td>den</td><td rowspan="2">jakopfgen</td></tr>
<tr><td>eine</td><td>kugel</td><td>zu</td></tr>
<tr><td rowspan="2">er versucht</td><td>sich</td><td>durch</td><td>den</td><td rowspan="2">jkaogpefn</td></tr>
<tr><td>eine</td><td>kugel</td><td>zu</td></tr>
<tr><td rowspan="2">er jagt</td><td>sich</td><td>eine</td><td rowspan="2" colspan="2">kkuogpefl</td></tr>
<tr><td>durch</td><td>den</td></tr>
</table>

2 briefe

her
zornig
hohn
ohne träne
ignaz.

halb
im halb
immer helf
ida
o.

redensart

ich
brech
dich
doch
noch

liebervaterbittebiegmichlieber

naturgedicht

heu
see

spruch mit kurzem o

ssso

lauter lauter lauter lauter lauter lauter leise leute

hörprobe

1

höherhören
höherhören
höherhören
höherhören
höherhören
höherhören
höherhören
höherhören
höherhören
höherhören

2

höhere hören
und daumen

höhere daumen
und hören

höhere hören
und höhere daumen

meine höheren daumen
meine höheren hören

3

kennen sie mich herren
kennen sie mich herren
kennen sie mich herren
meine damen und herren

```
          c-----------h
          c-----------h
         ic-----------h
         ic-----------h
        dic-----------h
        dic-----------h
 c-----hdic-----------h
 c-----hdic-----------h
ic----------h
ic----------h
 c--------------------h
```

sehnsucht

wwwlllll
wwwlllll
wwwlllll
lllw
lllw
lllw
lollowo
lllllllw
lllllllw
lllllllw
:b
b:
lollowo
b:
:b
wwwlllll
wwwlllll
lllllllwwwwwww

der bettler

dabett dabett dabett
dlllllllllllllllllla
dabett
dlllllllllllllllllla
dabett dabett dabett
dlllllllllllllllllla
dabett
dllllll
dllllll
dabett
dlllllllllllllllllla
dlllllllllllllllllla
dllllll
dlllllllllllllllllla
dabett
dlllllllllllllllllla
dlllllllllllllllllla
dabett
dllllllllllllllllll
llla

da busch

buschda
da busch
buschdada busch
buschdada
buschdabusch buschda
buschdadada
buschdabusch buschdada buschdadada
buschdadadada busch
da buschdadadada
da
daa
daaa
daaaa
daaaaa
daaaaaa
daaaaaaa
buschdabusch buschbuschbusch buschdada
buschdabusch buschdada
buschdada
bsch

restaurant

blllllllllllllllmmmmm
mmmlllllmmmlllllmmmmm
s--c--h c--h s--c--h c--h s--c--h c--h
tsch
pfffffffffp
pfffffffffp
blllllmmmmmmmmmmmmrrr
ts
ts
gs-----c-----hbwwwwww
wwwwwws-----c-----hgb
aabla
gnnnnnnnnnnnnnnnnnnnn
gnnnk
fffptst
rrrrdrrrrr
blllnnbnnnblllnnbnnnblllnnbnnn
oj
g ptt g ptt g ptt
fffffwwwfffff
lllllt lllllt lllllt lllllt lllllt
kc--hll
aabla
snnn snnn snnnksnnn
lll

im reich der toten

nnnnnntschn
nnnnnntschn
nnnnnntschn
lawaraaaaaaaaaa
iiiiiiiiiiiiiiiiiiiii
lawaraaaaaaaaaa
laaauuuuuuurruuuuuuuurruuuuuuuurruuuuuuuu
lc--------h
nnnnnnnnnnn
nnnnnnnnnnn
nnnnnnnnnnn
---c---hfffffs---c---hfffffs---c---hfffffs---c---hfffffs---c---h
lllrrrrrrrrrr
lllrrrrrrrrrr
chllllllltnnn
ffffds--c--h
nnrrrrrrrrrr
nnrrrrrrrrrr
nnrrrrrrrrrr
nnrrrrrrrrrr
nnrrrrrrrrrr

porträt eines mädchens

blond

bllllllllllllllllllllllllllllllllllllll

auäugig

```
                        s
                       /
                      /
                     /
                    /
                   /
                  /
                 /
                s
               /
              /
             /
            /
           s
          /
         /
        s
       /
ssssss
```

irene

amt mit schwalben

btt

btt

bttbttt

btttbttbttbtt

btt

btt

btttbttbtt btt bttbttt

ööööööööööööööön
btt
bttbttt
ööööööööööööööön
btt
üüüüüüüüüüöööööööööön
btt
btt
bttbttt

bttbttbtt
btt

iiiiiiiiiiiiiiin
iiiiiiiiiiiiiiin btt
iiiiiiiiiiiiiiin
ooooooooooooooon
ooooooooooooooon
aaaaaaaoooooooon btt

mmmmmmmmmmmmmmmmmmmmmmmmmmmmmmmmmmm
mmmmmmmmmmmmmmmmmmmmmmmmmüüüüüüüüüüüüüüüüüüüü

bttbtt
btt

btt

gnnnnnnnz gnnnnnnnz gnnnnnnnz

bttt

ööööööööööööööööööööön

kneiernzuck

1

dem blauen paule graust vor faulen tauben. miau ruft:
blauer paule, schau: wau-wau. schnell versteckt den
rotes löffel.
wälz dich ins schnecke treibt paul den federn aus den
äugen. schnür mich mit der winsel. aber miau bläst
ins fette und scheinen schon die ersten droht. knicks
versucht er abzuwerfen.
dann tropfen als wär noch nichts geschehn.

2

wenn die leute fragen: wo
zeige hin und sage: so

3

rasig so rosig rassig so rossig ras ich so ros ich rass
ich so ross ich rase ich so rose ich rasse ich so rosse
ich rasen ich so rosen ich rassen ich so rossen

4

hr udo vepp galv yhs zitt oya zb. sceny oit fozz juegpa.
gir! ouz luff pak? mox …
teo zk aufprall bmm

5

sein. werde das monat dachte. dann sich kennt wie keine
abteil. emil tür und sie nicht. und sie und wir haben,
auf jedes sie und fuhr in geschluckt.

bin. nicht mal ich ihm gesagt den sie. haben hat ihn aus
er es. nimm sie zu ich. der der emil draußen ihr die
schmalen, soll ich die ist wort ich sie. mir sagte meinen
nein, ich als noch da vorjahr sage zu er.
hat nachdem emil emil.

6

well said john this is it said john this is it john
this is it this is it is it it it is it is this it is this
john it is this john said it is this john said well

7

thereisnotonewhowon

8

blut zum gruß.
engel sind henkel.
ausspucken erboten.
sterben ist gesund.

9

auflehnung in. autokannibalismus. in sich gestülpt
verharren. ego-eater.
egon ißt. sich in sich hinein auflehnen. warnen und
tafeln. (»warneln«.) – jeder ißt für sich allein.
egon mond: ein stück. und jetzt ein stück egon
mond. beware of sepsis.
leiden schaft leiden (schafen, to sheep).

10

er wußte nicht was er dachte wenn er dachte was er nicht wußte.

11

die sonne geht auf und zu.

darstellung einer beerdigung

er hat sehr geschmiert und bekommt heute nichts aufs brot
zweimal jährlich spricht er sehr geläufig
ab zwei wurde sehr gesoffen
die form hat seinem gaumen sehr geschmeichelt
keiner war sehr gereizt
jetzt müssen alle sehr gelassen bleiben
wo bleiben hat der vater sehr gejammert
das telefon hat sehr geklingelt
wieviel magen fragte er sehr gefaßt
bei ihm ist sie sehr geborgen
herr wolf hat es früher sehr getrieben
alles griff sich sehr gedrängt an
unter tränen wurde sehr geklatscht
das hörte sich sehr geschwollen an
der stärkste charakter hat sehr geschwitzt
der himmel hat sehr gefallen
der duft war sehr geschwind
der vater ist sehr gefragt
der säugling hatte sehr gefleht
selbst wer sehr gelobt wird fällt hinein
der vater hat auf dem tisch sehr gegrollt
das rebhuhn hatte sich sehr geirrt

um die särge irrt ein rebhuhn
sieht er auf dem tisch särge grollt der vater nicht mehr
wer särge lobt fällt selbst hinein
um särge fleht der säugling
gibt es särge fragt der vater
im duft der särge schwind ich hin
särge fallen vom himmel
beim tragen schwerer särge schwitzt der stärkste charakter
die särge schwollen an
auf die särge klatscht die träne
an särge drängt sich alles
die härtesten särge trieben wir durch den wolf
komm särge borgen
wieviel särge faßt ein menschlicher magen
statt der särge klingelt das telefon
wo bleiben die särge jammert der vater
einst müssen alle ihre särge lassen
daß mir keiner die särge reizt
die form der särge schmeichelt dem gaumen
zwei särge soffen ab
zweimal jährlich sind särge läufig
särge schmiert man nicht aufs brot

feilchen vür efa
eveu vür viala

gevrorenes vür efa
vlüssiges vür viala

efa vür viala
viala vür efa

vrühling vür fiele

fier fäter
vünv vrösche
fier vürsten

vahnen vliegen

vünv vrauen
fier fögel
vünv fielvrasse

vliegen vangen

oberflächenübersetzung

my heart leaps up when i behold
a rainbow in the sky
so was it when my life began
so is it now i am a man
so be it when i shall grow old
or let me die!
the child is father of the man
and i could wish my days to be
bound each to each by natural piety

(william wordsworth)

mai hart lieb zapfen eibe hold
er renn bohr in sees kai
so was sieht wenn mai läuft begehen
so es sieht nahe emma mähen
so biet wenn ärschel grollt
ohr leck mit ei!
seht steil dies fader rosse mähen
in teig kurt wisch mai desto bier
baum deutsche deutsch bajonett schur alp eiertier

steinbock

ein
bein
bockt
bei
einstein

ein
bockbein
neckt
einstein

keck
steckt
ein
stock
in
einstein

einstein
stockt

nickt

hünpisch

per hunp
qellt
wepelt
dißt
unp
schnuddert

a love-story, dringend

d dr dri drin ring inge ngen gend end nd d

der und die

kam der und die kam und die kam vor ihm ins tal und
das war der ort und die sah hin und her und tat das
oft und war müd und bös und wie eis und sah hin und
her bis der kam der ins tal kam und nun los und das
eis weg und der kam und der kam nah und kam ihr nah
und war bei ihr und war nah bei ihr und sah auf ihr
hin und her und die war wie für ihn war für ihn ist
was für ihn ist muß mit und den hut und wie der den
zog und zog aug bei aug auf ihr hin und her und ihr
kam der ist wie ein ist was das ist was das ist für
uns nun los und gib wie das eis weg süß und küß bis
ans end der uhr und tag aus aug und ohr weg nur gut
und naß und süß tau mit rum und nun los bot den arm
und gab ihm den und das ohr und das aug und süd und
ost und zog mit ihr mit ihm mit und das tor war los
und die tür und der tag weg mit eis und müd und wut
und hut und der ihr und die ihm und sog kuß aus kuß
und hob und lud sie auf das ist gut ist für uns und
los und ihn biß und der riß und zog und die ihn und
bot ihm naß und süß tau mit rum und sog was der und
der lag auf ihr und zog und tat und riß und biß und
sog und ihr arm und das aug süd und das ohr die tür
zur see und das amt aus und tot und wer vor mir ist
weg ost weg nur ich auf hin und her hin und hin her
hin her hin her bis rot und süß und wut die see ins
tal riß und goß und den ort naß und müd lag auf uns

zwei bräute : ein deutsches denkmal

goethe:

komm und stirne mich mein kind
denn ich habe viele stellen
unter denen keine sind
die nicht aus dem herzen quellen

schiller:

komm und herze mich mein kind
denn ich habe viele stellen
unter denen keine sind
die nicht aus der stirne quellen

egmont : ein stück

:
:
:
:
:
:
:
egmont :
klärchen :
egmont :
klärchen :
egmont :
klärchen :
: aaa
: o
: aaaaa
: ooo
: n
: o a
: mmmmm
: pf
egmont :
klärchen :
egmont :
klärchen :
egmont :
klärchen :
: uuuuu
: b
: u u
: biii
: oa
: bii bii
: ffp
: glll
egmont :
: masturbiert

: pf
klärchen :
: o
egmont :
: o a
egmont :
: ißt käse
: mmmmm
klärchen :
: n
egmont :
: masturbiert
klärchen :
: ooo
egmont :
: aaaaa
: aaa
:
:
:
:
:
:
egmont :
: b
klärchen :
: läutet
: bii bii
egmont :
: biii
egmont :
: uuuuu
klärchen :
: läutet
: u u
egmont :
: glll
klärchen :
: masturbiert
: ffp
egmont :

: oa
:
:
:
:
:
:
klärchen :
: mmmmm
egmont :
: ißt käse
: n
klärchen :
: aaa
egmont :
: ißt käse
klärchen :
: aaaaa
klärchen :
:
egmont :
: o
: ooo
: o a
egmont :
: masturbiert
klärchen :
: pf
:
:
:
:
:
:
egmont :
: läutet
: bii bii
klärchen :
: masturbiert
: biii
: glll

: b
: oa
: oa
: uuuuu
klärchen :
:
egmont :
: läutet
: ffp
: läutet
: u u
: läutet
egmont :
:
klärchen :
: ißt käse
:
:
:
:
:
:
: mit musik
:
:
:
:
:
:
egmont :
: läutet
: ißt käse
: masturbiert
klärchen :
: masturbiert
: ißt käse
: läutet
egmont :
: ißt käse
: masturbiert
: läutet

: läutet
klärchen :
: ißt käse
: läutet
: masturbiert
: masturbiert
klärchen :
: o
: ooo
: aaa
: aaaaa
: o a
egmont :
: n
: pf
: mmmmm
:
klärchen :
: b
: glll
: ffp
egmont :
: uuuuu
: u u
: o a
: biii
: bii bii
klärchen :
:
egmont :
:
:
:
:
:
:
:
:
:
:
:

:
:
:
:
:
:
:
:
:
:
:
: finis

kommen sie mit mühe
kommen sie mit mühe
kommen sie mit mühe
                    viel leucht
kommen sie mit mühe
kommen sie mit mühe
kommen sie mit mühe
                    acht neun

loch
loch
loch doch
so loch doch
so loch doch schon
so loch doch
loch doch
loch

üch loch müch kronk

buchstabierdialog

: S.T.S.T.S.T.S.T.E.

: H.B.
K.N.E.
Z.

: S.T.S.T.S.T.S.T.E.

: H.B.
H.E.T.
K.N.E.
Z.

buchstabiermonolog

B.H.G.K.N.M.
B.H.G.K.N.M.
B.H.G.K.N.M.

K.N.M.B.H.G.N.
K.N.M.B.H.G.N.
K.N.M.B.H.G.N.

K.N.R.B.H.G.N.
K.N.R.B.H.G.N.
K.N.R.B.H.G.N.

B.H.G.K.N.R.
B.H.G.K.N.R.
B.H.G.K.N.R.

gespräch

gab er zur antwort
fragten sie

gab er zur antwort
fragten sie

gab er zur antwort
fragten sie

gab er zur antwort
fragten sie
gab er zur antwort

sie

siehe unten
siehe oben
siehe unten
siehe oben
siehe unten

siehe oben *)
siehe unten **)
siehe oben

*) s. u.
**) s. o.

al
pha
bet
cal
pha
det
el
pha
fet
gal
pha
het
il
pha
jet
kal
pha
let
mal
pha
net
ol
pha
pet
qual
pha
ret
sal
pha
tet
ul
pha
vet
wal
pha
xet
yl
pha
zet

zwanzig klavierstücke

1) kl 2) la 3) av 4) vi 5) ie 6) er 7) kla 8) lav
9) avi 10) vie 11) ier 12) klav 13) lavi 14) avie 15)
vier 16) klavi 17) lavie 18) avier 19) klavie 20) lavier

24-tägiger juni

juni
juoi
jupi
juqi
juri
jusi
juti
juui
juvi
juwi
juxi
juyi
juzi
juai
jubi
juci
judi
juei
jufi
jugi
juhi
juii
juji
juki
juli

nein

nein

nein

nein

nein

nein

nein

(beantwortung von sieben nicht gestellten fragen)

flamingo

flam   men
    in
      go home
           men only
      go home
    in
flam   men

(flam: sham, deceitful trick, lie;
nonsense; kind of flourish
on drum)

harte vögel

für hitchcock

granit
gragranitnit
gragragranitnitnit
gragragragranitnitnitnit
gragragragragranitnitnitnitnit
gragragragragragranitnitnitnitnitnit
gragragragragragragranitnitnitnitnitnitnit
gragragragragragragragranitnitnitnitnitnitnitnit

schmerz durch reibung

frau
frfrauau
frfrfrauauau
frfrfrfrauauauau
frfrfrfrfrauauauauau
frfrfrfrfrfrauauauauauau
frfrfrfrfrfrfrauauauauauauau
frfrfrfrfrfrfrfrauauauauauauauau

die zeit vergeht

lustig
luslustigtig
lusluslustigtigtig
luslusluslustigtigtigtig
lusluslusluslustigtigtigtigtig
luslusluslusluslustigtigtigtigtigtig
lusluslusluslusluslustigtigtigtigtigtigtig
luslusluslusluslusluslustigtigtigtigtigtigtigtig

arie

wohinbi stduw ohi n
bi stdu
wohinbi st
duw ohi n
bi st
du
wohinb istd uwoh in
b istd u
wohinb ist
d uwoh in
b ist
d u
wohin bis tduwo hin
bis tdu
wohin bis t
duwo hin
bis t
du
wohi nb istduw ohin
b istdu
wohi nb ist
duw ohin
b ist
du
woh inbis tdu wohin
bis tdu
woh inbis t
du wohin
bis t
du
wo hinb istd uwohin
b istd u
wo hinb ist
d uwohin
b ist
d u
w ohi nbist duwohin
bist du
w ohi nbist
duwohin
bist
du

gesten: ein spiel

feucht euch des klebens

1

kreisel
k reise l
k reise l
k   reise   l
k   reise   l

glaube
g laub e
g laub e
g   laub   e
g   laub   e

pendel
p ende l
p ende l
p   ende   l
p   ende   l

2

anglikanisch

für einen piss-hof

bluesy
b lues y
b   lues   y
b   lues   y
b   lues   y

3

für eartha kitt

werden
w erde n
w   erde   n
w   erde   n
w   erde   n

4

omo
o m o
o m o
o   m   o
o   m   o

5

für mack the naiv

kerl
k er l
k er l
k   er   l
k   er   l

kunst
k uns t
k uns t
k   uns   t
k   uns   t

wanderung

vom vom zum zum
vom zum zum vom

von vom zu vom

vom vom zum zum

von zum zu zum

vom zum zum vom
vom vom zum zum

und zurück

modell einer einfachen strophe

die strophe
diestrophediestrophe
derkontaktderkontakt
diestrophederkontakt
der kontakt

der nerv
dernervdernerv
daswortdaswort
dernervdaswort
das wort

das paar
daspaardaspaar
dienahtdienaht
daspaardienaht
die naht

die achse
dieachsedieachse
dasspieldasspiel
dieachsedasspiel
das spiel

das ziel
daszieldasziel
diespurdiespur
daszieldiespur
die spur

die milch
diemilchdiemilch
derglanzderglanz
diemilchderglanz
der glanz

der traum
dertraumdertraum
diehüllediehülle
dertraumdiehülle
die hülle

die watte
diewattediewatte
dasglückdasglück
diewattedasglück
das glück

das kind
daskinddaskind
derefeuderefeu
daskindderefeu
der efeu

der graf
dergrafdergraf
dasgrasdasgras
dergrafdasgras
das gras

das kabel
daskabeldaskabel
dienarbedienarbe
daskabeldienarbe
die narbe

die kurve
diekurvediekurve
derblitzderblitz
diekurvederblitz
der blitz

der draht
derdrahtderdraht
diewangediewange
derdrahtdiewange
die wange

die liebe
dieliebedieliebe
derknopfderknopf
dieliebederknopf
der knopf

der duft
derduftderduft
dasechodasecho
derduftdasecho
das echo

das bad
dasbaddasbad
dienußdienuß
dasbaddienuß
die nuß

die ader
dieaderdieader
derfilmderfilm
dieaderderfilm
der film

der gummi
dergummidergummi
diewolkediewolke
dergummidiewolke
die wolke

die rose
dierosedierose
dasbierdasbier
dierosedasbier
das bier

das klima
dasklimadasklima
derpsalmderpsalm
dasklimaderpsalm
der psalm

der spiegel
derspiegelderspiegel
dieklammerdieklammer
derspiegeldieklammer
die klammer

die säge
diesägediesäge
dergrußdergruß
diesägedergruß
der gruß

der wirt
derwirtderwirt
daslaubdaslaub
derwirtdaslaub
das laub

das mädchen
dasmädchendasmädchen
diemuscheldiemuschel
dasmädchendiemuschel
die muschel

die orgel
dieorgeldieorgel
dertriebdertrieb
dieorgeldertrieb
der trieb

der kuß
derkußderkuß
dasgasdasgas
derkußdasgas
das gas

das kreuz
daskreuzdaskreuz
diespulediespule
daskreuzdiespule
die spule

die drüse
diedrüsediedrüse
derprinzderprinz
diedrüsederprinz
der prinz

der zucker
derzuckerderzucker
dieraketedierakete
derzuckerdierakete
die rakete

die zunge
diezungediezunge
derkanalderkanal
diezungederkanal
der kanal

der knall
derknallderknall
diekehlediekehle
derknalldiekehle
die kehle

die kälte
diekältediekälte
dergriffdergriff
diekältedergriff
der griff

der kopf
derkopfderkopf
diehupediehupe
derkopfdiehupe
die hupe

die ziffer
diezifferdieziffer
derschneederschnee
diezifferderschnee
der schnee

der puls
derpulsderpuls
dasnetzdasnetz
derpulsdasnetz
das netz

das atom
dasatomdasatom
deratemderatem
dasatomderatem
der atem

der schlaf
derschlafderschlaf
dasschilfdasschilf
derschlafdasschilf
das schilf

--- ------

--- ------

die ruhe
dieruhedieruhe
dassalzdassalz
dieruhedassalz
das salz

sommer

grille
sense
gras
sense
grille

sense
gras
sense
grille
sense

gras
sense
grille
sense
gras

henne

eil
brüt
licht
brüt
eil

brüt
licht
brüt
eil
brüt

licht
brüt
eil
brüt
licht

sonnenuhr

/undial
s/ndial
su/dial
sun/ial
sund/al
sundi/l
sundia/

names

fowl
fred owl
fox
fred ox
fred
fred red
harp
hans arp

leben eines q-hirten

z euter
y euter
x euter
w euter
v euter
u euter
t euter
s euter
r euter
q euter
p euter
o euter
n euter
m euter
l euter
k euter
j euter
i euter
h euter
g euter
f euter
e euter
d euter
c euter
b euter
a euter

reise

nach
nach
nach
nach
nach
nach
nach
nach
nach
nach
nach bayayayayayayayayayayayayayayayayayayayayayern
nach
nach
nach
nach
nach
nach
nach
nach
nach
nach

film
film
film
film
fi m
f im
fi m
f im
f m
fl m
f im
f m
flim
film
flim
film
f lm
f lm
fl m
f lm
fl m
f m
f lm
fl m
f m
f lm
f m
fl m
f lm
fl m
fl m
fl m
fl m
fl m
fl m
flim
film
flim
film
flim
film
flim
f m
film
f m
flim
film
flim
film
film
film
film
film

```
              e
             ee
            eee
  ooooooooooööööooooooo
  ooooooooöööööooooooo
  oooooooööööööooooooo
  ooooooöööööööooooooo
  oooooöööööööōooooooo
  ooooöööööööööooooooo
  oooööööööööööooooooo
  ooöööööööööööooooooo
  oöööööööööööōooooooo
  öööööööööööööooooooo
 eöööööööööööööooooooo
eeöööööööööööööooooooo
eeeeeeeeeeeeeeee
```

verstreute gedichte 1952–1965

dein abend

das boot zerfällt. die ruder modern.
das wasser brennt. der himmel schreit.
die großen roten schiffe lodern.
du aber bist das nächste scheit.

die zeit ist hin. der tag ist tot.
der kopf stößt aus dem grünen leck.
schlag hin – schlag her – die angst im boot,
das dich nicht hält, schlägst du nicht weg.

schrei auf, eh dich die nacht austritt,
damit das lied den ton erkennt,
der rückkehrt, wie er einst entglitt,
und deine zunge weiterbrennt.

epitaph

wenn wieder große mobilmachung ist,
kann es geschehen,
daß euch kein platz bleibt,
einen einzugraben in ein stück erde,
wo keiner noch liegt.
wenn ihr zu mir kommt mit einem,
zieht ihm den rock aus, macht feuer damit
und legt ihn ganz nahe daneben,
daß er noch einmal warm hat,
schiebt ihm die deckel von den gefrorenen augen,
damit der glosende rock und die niederen flammen
in die gefrorenen augen ein bild werfen, das weiß:
ein rock ist eine flamme geworden, ein warmer hauch,
und eine handvoll grauer saat für den wind.
dann aber legt ihn behutsam und nackt
in die nackte erde
zu mir.

zwei balken hat das eine joch

die spanne eines armes trennt ihn
vom fliehen wie vom letzten sich-ergeben.
es fehlt an kraft, den arm zu heben.
er hat die kenntnis nicht. sie brennt ihn
zuweilen nur als stoß von oben.
dann springt der stein, der leib entblößt
sich einen augenblick dem sein.
die arme beide schnellen hoch.
ergeben- und entkommenwollen:
zwei balken hat das eine joch.

das oft schwer vorstellbare

manche männer müssen
hämmer aus eisen
beim kesselsteinklopfen
aus dem eisernen bauch
einer lokomotive
geschlagen haben.

manche männer müssen
sich aus tintenfässern
spießig gefiedert, schwarz berockt,
glatzig, im schein von
ellbogenampeln
mit papiermesserschnäbeln
herausgehackt haben.

manche männer müssen
mit schründen und schrammen,
mit bartstoppeln und zerbrochenen zähnen
in kellerwiegen aus wurmigem brett
heimlich mieter geworden sein
und die knie bis ans kinn gezogen haben,
solang man von der fürsorge geld für sie nahm.

aber alle männer müssen
aus der haut und dem schrei einer frau
klein, nackt, verrunzelt und rot
in den ersten unübersichtlichen tag
gekrochen sein.

dreihundert

dreihundert kinder starben
in einer nacht.
bomben warfen männer von oben.
aber keiner sagte: ich habe dreihundert kinder umgebracht.

sie haben photographien
von kindern, frau und braut
beim anflug und beim rückflug angeschaut.
dreihundert kinder haben noch einmal geschrien
mit all ihrer macht.
haben sie es gehört oben?
haben sie die bilder in der hand zerknüllt?
mußten sie die zähne zusammenpressen?
dreihundert. die meisten haben nicht einmal die augen
zugemacht.
aber keiner sagte: ich habe sie umgebracht.

von anfang an ist alles vergessen.
immer wird bloß ein auftrag erfüllt.
kriege hat es immer gegeben.
man konnte nicht sehen. es war einfach nacht.

wer kann die wahrheit sagen und sagen:
ich hab sie nicht umgebracht?
die kinder können das, von denen dreihundert im schutt
lagen
in einer nacht.

immer dreht der sommer die versprechen des frühlings um.
vogelscheuchen stehen gerade. das korn
von der sonne hochgezogen und gelb gebrannt
fällt zerschnitten um.

die tür bleibt offen

der kaufmann sieht mich nicht
ich sehe den rücken des kaufmanns
ich sehe ihn im spiegel
er sieht den spiegel nicht
er ist erst sieben jahre
und geht schon einkaufen
wie ein großer

groß ist der stolz der mutter
dick ist der rücken des kaufmanns
süß ist die schokolade in der schachtel
hoch ist das pult des kaufmanns
tief ist die tasche des knaben

ein dicker langsamer rücken
eine schokolade um einen schilling
ein lächeln im gesicht des spiegels
ein roter kopf ein gestottertes wort ein stolpern
die tür bleibt offen
ein vergnügter kaufmann

ein lächeln im gesicht man muß seine kundschaft
zu halten wissen das ist einen schilling wert
dick ist der rücken aber er kann auch rasch sein
man darf es nur nicht immer gelingen lassen

der kaufmann freut sich
eine schokolade um einen schilling
süß in der schachtel am richtigen platz
ist besser als die beste reklame
der kaufmann sieht den spiegel vergnügt an
der kaufmann freut sich

die mutter freut sich
die mutter sieht den knaben vergnügt an
er ist erst sieben jahre
und schon wie ein großer
groß ist der stolz der mutter
der knabe freut sich
er sieht den spiegel nicht

eine schokolade um einen schilling
die schokolade ist süß.

die schokolade ist süß
das auto ist rot
das auto hat ein uhrwerk
das auto fährt von selber
der knabe freut sich
das auto ist rot

der knabe schaut das auto lang an
der knabe denkt lang an das auto
der knabe denkt lang an den kaufmann
der hat einen dicken rücken
das auto freut sich
die tür bleibt offen.

nachbarschaft

in langen, traurigen gesängen
versucht mein nachbar am samstagnachmittag
heiter zu sein.

die neuen häuser haben dünne wände.
man glaubt nicht mehr an ihren fortbestand
bis ans ende der welt.

so scheint es mir manchmal,
als stehe der nachbar an der wand und halte die hände
wie einen trichter um den mund.

so taten es schon die berichterstatter
vor der zeitungszeit. so versuchen es noch
die nachbarn in gefängnissen.

heute morgen kam er heim,
hatte einen steifen schwarzen hut auf dem kopf.
stattlich, sagte meine Zimmerfrau, die witwe.

zeichen der fruchtlosigkeit

bäche werden getrocknet, täler dürr,
gletscher zerhackt, eislutscher verkauft,
aufs pflaster gespuckt die kerne der wassermelone,
zertreten, zeichen der fruchtlosigkeit.

die maus in der botanisiertrommel
hat nichts zu nagen im blechernen einerlei.
wälz dich auf deinem stacheldrahtrücken, inder, oder geh unter,
olive am zahnstocher, im wermutmeer.

unter den nestern die
sich der ruß gebaut hat in
den winkeln des bahnhofdaches
wird der gleiche zug erwartet

von den einen die warten auf
die ankunft anderer
von den andern die warten auf
die eigene abfahrt

sieben semmeln

zwischen dem morgentee
und dem geschirrabwaschen abends
ißt er sieben semmeln –
eine zum morgentee
eine zum gabelfrühstück
zwei zum mittagessen
mit messer und gabel
eingebröckelt im kaffee zur jause wieder eine
und die letzten zwei
vor dem geschirrabwaschen
zum abendessen.

in der zwischenzeit
zwischen den sieben semmeln
klebt er an die wände seines kinderzimmers
silbersterne.

manchmal muß er dazu auf den tisch steigen.
manchmal ist auch das nicht hoch genug, dann stellt er
einen sessel auf den tisch.

ist er fertig
auch mit dem heruntersteigen
tritt er zurück
und betrachtet das ergebnis aus der ferne.

in untermiete

ich gehe fort als großer reisender
und wachse weiter
von straßenecke zu straßenecke,
eine maus in der schlange.

ich kehre um, zurück nach haus,
kaum mehr sichtbar,
bei einer frau mit grauen haaren
in untermiete.

der fluß trägt seine rede

der fluß trägt seine rede
erdhaufen vor und bäumen, die
ohne ohr sein bett umstehn
und blind den säuglingskopf
und den gichtbrüchigen fuß des greises
ebenso blind ansehn.

der fluß trägt seine rede
in eintönigen varianten
seinen urgroßeltern und großeltern
und eltern und onkeln und tanten vor,
die alle große ohren haben für
eines mannes rede (oder die einer frau),
und zwar für dei eigene jeder (oder jede).

der fluß trägt seine rede
kindern und kindeskindern vor,
deren ohr noch ganz verstopft ist,
aber sie fühlen immerhin:
unangenehm ist ohrenausspülen,
und schreien und pusten im oberlauf,
doch im unterlauf pfeifen sie drauf
und werden ganz apathisch,
grantig wie onkel und tanten,
denn ihr ohr, nunmehr entpfropft,
hört längst nur, wie das eigene herz
auf die eigene zunge hochachtungsvoll klopft.

der fluß trägt seine rede
vom bergkamm in den schlamm hinein
und hält die zeit im fallen
vom lallen bis zum schlaganfall
ausgespannt wie ein handtuch,
mit dem sich einer den rücken frottiert,
zwischen beiden händen.

wenn sein blut aus der bahn hüpfen will,
einmal jährlich metaphysisch entzündet,
macht er den versuch, die beiden enden zusammenzuknüpfen,
bricht bäume, hebt häusern den deckel ab,
bis er abreagiert resigniert.

der fluß entspringt –
der fluß trägt seine rede –
der fluß mündet – und mündet …

zartbesaitete fräuleins schlagen
handtücher um ihren rücken und sagen:
der fluß singt.

zartbesaitete fräuleins sind leicht zu entzücken.

abendandacht

laßt uns zu bett gehen: aber
die lampe brennt noch, doch
der wecker im tabernakel wackelt
dem tag entgegen.

laßt uns zu bett gehen: aber
die zigarette brennt noch, doch
zwischen mittel- und zeigefinger
wird sie kleiner und lange dünne
schatten kriechen in die nacht
und zerrinnen innen.

laßt uns zu bett gehen: steht
auf dem irdenen kerzenhalter, doch
die kerze darin ist halb, und lange
ausgegangen und wird erst, wenn
die sicherungen aus der fassung springen,
wieder zu brennen anfangen –
wenn es dann notwendig ist, an einen anderen ort des
dunklen hauses zu gelangen.

laßt uns zu bett gehen: doch
der wecker wackelt noch und wir
kreiden mit dem letzten hauch
rauch, den wir aus den lungen blasen,
pläne an die tabernakeltür,
dem neuen tag entgegen, denn
die erinnerung brennt noch.
wenn dann der tag seine flügel aufschlägt,
kann jeder nachsehen, was er innen trägt
bis die kreideschrift auf dem rücken
vom regen gelöscht und vom wind verwischt ist.

laßt uns zu bett gehen, das gesicht zur wand drehen und
warten.
die räder werden noch nicht stehenbleiben.
die zeiger werden auch noch nachrücken.
von den türmen werden die gewohnten glocken
in intervallen schallen.

wanderblumen

zwischen opernkreuzung und stephansplatz
zieht ihr den spiegel-an-der-wand und rosenwangen
aus dem krokodil der handtaschen,
ihr wundersamen.

süße lippenblütler,
ertrinken drohnen in eurem honig?
hacken euch die raben,
die über ihren schwarzen flügeln ärmelschoner tragen?

wilde wanderblumen
zwischen kompost und sommerstürmen,
steckt eure blüten, bis sie aus der mode kommen,
auf unser graues straßenkleid.

barometer

das mädchen aus der trafik
schaut durch die glastür vor meinen augen davon.
drinnen bedient sie mich und schaut mir zu hoch hinauf.
es regnet mir scheint ganz schön,
liest das mädchen vor meinen augen das wetter
von meinem hut ab.

motorrad abends

die stunde des motorradfahrers am abend
ist meine ellbogenstunde am tisch.
er hält in jeder hand einen griff,
die maschine zu führen, wohin er will,
und rattert in meinem ohr
und wird darin gleich wieder still.

nach dem essen

nach getaner mahlzeit steigen steigen
steigen die leute aus dem keller.
hinter ihren rücken klappern
klappern teller.

nach getaner mahlzeit ist gut ruhn.
nach getaner mahlzeit ist gut schweigen.

andere führen noch
im kühlen keller
gabeln gläser zigaretten
zum mund zum mund

durchwühlte truhe
geplünderte kammer
brandschatzende horden im einst
so reichen land.
briefe zerknüllt. verbrannt.
in liebe geschrieben. verbrannt.
die hand, deine hand, du hand, du liebe,
du liebe hand.

in einer weise sentimental

wenn wir miteinander
im wenn-wir-kinder-bekämen-gespräch sind
schläft unser herz ein
und der knabe, unser ältester
mischt sich schon überall ein
und damit er es von anfang an behält
sagen wir seit neuestem
vater und mutter zueinander
und obwohl du erst darüber lachtest
beginnen diese namen uns zu passen.
wenn wir dann voneinander
aufwachen, mein herz
waren wir in einer weise sentimental
die uns gefällt.

vor neuen gästen

ein feuchter ring auf der platte des tisches
ist alles, was von dir übrig bleibt,
wenn dein glas in den eimer getaucht wird,
vom schaum gelöst, der an dich erinnert;

bis die kellnerin kommt und über die platte des tisches
ein schmutziges tuch zieht,
auf den resten verstreuter brote zurückkehrt zur ausschank,
gläser zu füllen, die sie aufstellt
vor neuen gästen.

der tote punkt

am toten punkt des tages
die ohren geöffnet
für die geräusche der straße
für den wind im ofen
für die fingerübung auf dem klavier
der klavierlehrerin
die einem kind eine stunde erteilt
bin ich schüler.

die straßenbahn unterrichtet mich
im fortkommen auf schienen.
dazu fehlt mir das gleichgewicht.

das auto unterrichtet mich
im rollen mit angezogenen beinen.
dazu fehlt mir das kapital.

der wind im ofen unterrichtet mich
in einer unvergänglichen sprache.
dazu fehlt mir die ausdauer.

die fingerübung unterrichtet mich
im gleichnis von einer alten frau
die einem kind eine stunde erteilt.
dazu fehlt mir die einsicht.

der tag geht weiter
auf dem heimweg des kindes
wickelt sich
in die decke der müden frau
bricht laut
aus den maschinen der straße
und trägt im ohr, auf dem er nicht hört
die gespräche des windes.

unhaltbare tageszeit

deine ohren wecken dich auf.
deine augen machen licht.
deine arme strecken sich.
deine füße übernehmen dein gewicht.
dann bist du wasserträger.
dann trinkst du tee.
dann regnet es
zwischen haustor und straßenbahn oder
die sonne scheint
durch die scheiben der straßenbahn oder
es schneit
zwischen haltestelle und bestimmungsort.
dort wirst du eingeräumt
zwischen hindernissen.
dort bist du eingeräumt
mit den nötigen fachkenntnissen.
so wirst du wachgeträumt
in einer tageszeit,
die nicht zu halten ist.

alfons

alfons ist eine blume.
die ihn nicht kennen
suchen unter dem tisch einen hund
wenn er den teller auf den boden stellt.
für einen menschen wäre diese art zu essen ungewöhnlich.
aber alfons ist eine blume
und muß daher wie eine blume essen.

daß sich speisen auch bei ihm in worte verwandeln
rückt ihn wieder in die nähe der menschen.
und da er den mund ausschließlich zum sprechen verwendet
ist er in weniger sprech- als eßbegieriger gesellschaft
außerordentlich beliebt.

zehn jahre …

zehn jahre sind es her
seit dem großen kehraus.
damals war es für uns
aus mit dem militär.

seither wurden manche reich
viele wurden weniger unzufrieden
einzelne wurden sogar glücklich
und einige gingen leer aus.

die hatten sich mit dem militär
zu gut ausgekannt.

die sagen sich jetzt:
zehn jahre sind eine lange zeit
manche werden in zehn jahren reich
viele werden in zehn jahren weniger unzufrieden
einzelne werden in zehn jahren nahezu glücklich
nur wir gehen schon seit zehn jahren leer aus
denn wir kennen uns mit dem militär und mit nichts sonst
ausgezeichnet aus.

die sagen sich weiter:
zehn jahre sind eine lange zeit
und den meisten wird in zehn jahren so viel egal
daß wir beginnen können, ein neues heer aufzubauen
aus den söhnen der gleichen männer, die vor zehn jahren
uniformen verbrannten, gewehre zerschlugen, den krieg
verfluchten und sagten: uns
bringt nie wieder einer zum militär,
denn ein militär ist das werkzeug zum krieg.

der hunger gab ihnen zungen, aber in zehn jahren
sind sie fett geworden und sprachlos vor glück
sprachlos vor reichtum, sprachlos auch bloß
vor verminderter unzufriedenheit.

das sagen sich die bisher leer ausgegangenen
und verkünden das gleiche in einer zweiten version
durch rundfunk und presse in patriotischem jargon
und bewegen sich mit so großer schnelligkeit
daß die ganze quallige opposition
auf den feldern des reichtums
unter den käseglocken des glücks
und im fett verminderter unzufriedenheit
feststellt: es rührt sich noch nichts.

oder sollten zehn jahre eine zu kurze zeit gewesen sein
um sämtliche straßen von invaliden zu säubern
aus sämtlichen zimmern die zuletzt in uniform
photographierten zu entfernen
und in sämtlichen empfängern der lakonischen mitteilung
das gesicht den kuß die hände den gang
des nicht mehr wiedergekehrten zu tilgen?

und weinte bitterlich
und doktor oppelt kam
und weinte bitterlich
und frau direktor reichert kam
und weinte bitterlich
und gemüsehändler dungl kam
und weinte bitterlich
und ottokar prohaska kam
und weinte bitterlich
und bernhard röhrig von röhrig und co. kam
und weinte bitterlich
und anton ast, dentist, täglich außer sonnabend
    von 9–12 und 2–6, kam
und weinte bitterlich
und trude weitz kam
und weinte bitterlich
und edi ritter kam
und weinte bitterlich
und rudi vacek kam
und weinte bitterlich

trost in wolken

in blauen
himmeln
wolken
so weiß
mit grauen
seiten

o trost:
nicht alles
ist rein!

o wolken
mit grauen
seiten!

schein der gesundheit

dein stück arbeit
wenn auch zuletzt mit mühe verrichtet
gab dir einen schein
der besagte
dieser ist bei kräften.

dein anzug
wenn auch zuletzt passend wie ein bernhardinerhund einem dackel
gab dir einen schein
der besagte
dieser ist gesund.

dein ritt in der straßenbahn
wenn auch zuletzt gepreßt in eine erstickende masse, plötzlich rudernd ins leere

gab dir einen schein
der besagte
dieser ist nicht behaftet.

bis eines tags
der sturz auf der straße
der zusammenbruch im büro
das gebrüll in einer wolke aus gesichtern
diesen schein annullierte.

figuren, plötzlich entdeckt

drei gipsgrazien, hoch
an der wand des hauses meiner kindheit,
ihr macht mich vergnügt.
vergnüglich
sind solche entdeckungen im wohlbekannten.

zwei anstecknadeln

ein weberknecht
der ißt sich schlecht
doch er zertritt sich gut.

*

die ameise muß man töten.
wir wollen ihr das kehlchen röten.
wir wollen sie nicht schützen.
sie wird uns wohl nicht nützen.
mit dem messerlein, mit dem messerlein
wollen wir ihr das kehlchen röten.

ins gästebuch

ich und mein tier
du und dein tier
wir waren hier
und waren doch nicht vier.

*

wir hatten angst vor dieben
sonst wären wir geblieben.

*

wir musizierten
in bananenfarbenen betten
und wickelten unsere nachkommenschaft
in papierservietten.

glas

glas
schwester des auges
kühlerer bruder der stirn.

blume bist du in meiner hand.
als liebste kennst du meine lippen.

baum

baum
vater des tisches
ellbogenfroh.

hier, meine freunde
sind früchte
und auf gutem holz.

hand

hand
lampe des blinden
gefährtin des lieds.

du deutest den weg.
dann läßt du aufs auge dich nieder
taube der nacht.

bach

alt wie wasser
rom der libelle
bach.

wären wir fische
in deinen adern –
auch in dir
suchten wir unablässig
ein herz.

stein

jung und granit
schädel geschoren
ohne mund ohne ohr
blind

aus dem väterlichen steinbruch
mutterlos geboren
stein zu sein
bis wir staub sind.

eine mutter
gras im mund
sammelt ihr kind
unter den tischen des windes.

nacht

von kugeln durchlocht
ist ein mann ein wort.
das war fleisch gewesen
und hat gewohnt.

hitler bleibt uns ein fingerzeig
stalin ein blutegel.
klug scheint der mond.

straßentheater

kochende augen
im eisengesicht der stadt.
brücken in den rücken
zischende schnäbel und
funkenflug.
haut in streifen
gerissen von der plakatwand.
blut unterstrichen auf lippen und abendblatt.
groschen schluckend
blinde zuschauer.

polyphem

auf seinem hölzernen auge
rutscht er über kanarienvögel.
zorniges vaselin
rinnt ihm vom kinn.
geklammert an den bauch seiner finger übt er in finsternis
den rettenden trick des odyss.
stöße von enten
fegt er vom brustbein maria theresias.
stundenlang bürstet er sein knopfloch.
aber der glanz kehrt nicht wieder
die sonne bleibt umgestülpt.

kleine winterliche party

der schneider der bürgerlichen rechte
hat ihm gegen strenge kälte
einen eleganten grauen
wintermantel zurechtgemacht.

möge er ihn anbehalten
solange wir in seiner nähe sind
für den moment, da louis armstrongs trompete schweigt
damit wir uns nicht erkälten.

denn es ist ein eisberg
mit schnurrbart und habichtslippen
auf dessen wohl wir gläser kippen
während louis armstrong trompetet.

montage

in der tiefe freut man sich an einem schön geführten,
warm und voll klingenden organ.
ich würde eine solche geige erwerben.

meine lustigen tage sind vorüber.
da stehen ein paar narren, die sie mir immer zerreißen.

in einer geige las ich ihre adresse.
der tiger schaute sich einmal langsam um.

kleines konzert

zahnpasta zensuriert
violine violett
zahnpasta zuckt
violine viola
zahnpasta schrubbt
violine cello
zahnpasta schraubt
violine kontrabaß

violine kontrabaß
violine cello
violine viola
violine violett
kontrabaß schraubt
cello schrubbt
viola zuckt
violett zensuriert

metz

gestrecktestes dürr
gesträubtestes stelle
des mann blaustes strunk
ans wegen fraßest

gruft diesen nacktes
ins gelben vors schnee
violetten bestreuter
uns fuße

thermopylen

einer hause blühtet
ob ananas vor des blei

das sumpf füllst kropfes die elfter
ins galoschen spanntest pilzen mal miaut.
dritter wasser kipptest wirst aufgerauhten
zu das leonidas zum.

rotes wäre grille schnitztet hinter
die tor aus auf und ins ozean kein erdet
des zarten scheibe bindest gemäß fast pflegerin
zu das leonidas zum.

offenem ein scheu nach spartet wegen
kratzendsten musik ins himmel unter traurigst.
als gewunken endlich schertest tulpen
klopftet das klingel unter schroffst.

bobrowka

körperfarbe wechselt rasch.
grüner kalkeisengranat von bobrowka
führt als dänischer dichter ein unbürgerliches leben
mit kegelförmigen zähnen in beiden kiefern
bewegt, urteilt, schließt
und wird von der zeit
verwischt.
aber die samen
des grünen kalkeisengranats von bobrowka
auf feuchten wiesen und an grabenrändern
an trockenen standorten und in wäldern
die samen
des grünen kalkeisengranats von bobrowka
dienen zur gewinnung von
menschenseele.

körperfarbe wechselt.
volk unbekannter herkunft
mit lederigen blättern und großen früchten
kegelförmige zähne in beiden kiefern
wird erzogen durch gesetzlich vorgeschriebenen zusatz
von übelriechenden übelschmeckenden stoffen
bis es kultiviert
ein gesellig lebendes raubtier geworden ist
organisiert
durch die landesämter für denkmalpflege
bewegt, urteilt, schließt
gurgelwässer verwendet
in der maske des geigerzählers
leiter eines münchner waisenhauses spielt
und langsam verbraucht wird
zum aufweiten von löchern.

körperfarbe wechselt
und wird von der zeit
verwischt.
samen von bobrowka
wiegt
sibirischer wind.

tibull (nach mörike)

wie HOHEN

tibull

dahin...

der die saaten liebekranker

so...

gesänge

(während wechselnde seiten im

durchwühlt

unstet

DEINE = der =

wind allen weichen
niedergebogen
fluten reizend

GOTT!

bestürmt!

nach SCHWUNG
SO dich

ungarn
ehren

durch brot

ungarn
ehren

brot
ehren

durch ungarn

der klausner

in elenden geldklemmen zeiten
stand ich an der schleuse des klausners
der sich nach namen und ehre kitzelt

und versuchte die elenden geldklemmen zeiten
mit dem blick zu verfehlen
und mir den eigenen körper einzuverleiben.

willst du nicht einen karpfen der länge nach aufschneiden
sprach zu mir an der schleuse der klausner
abgerissen wie das wasser des jordan.

warum sollte ich in diesen elenden geldklemmen zeiten
auch noch den karpfen den schönen der länge nach
aufschneiden
fragte ich an der schleuse den abgerissenen klausner

und verritt mit reisigem kriegsgeschwader.

eines knechtes
hölzerne
gelehrsamkeit

wunden
die du geheimhältst
zerstören mich

aber auftauchen
aus asche
wie von altersher

werde ich
schwanenhälsige
morgenröte

holomek

die hand fungiert in bekannter weise
holomek
unterliegt nicht den verderblichen einflüssen
sein fleisch hält sich
o holomek
holomek
liegt im hinterhalt
und hält seine tochter nicht zur hurerei an
eine festung hält sich
o holomek
einem gaukler gibt er die hand seiner tochter dem henker dem teufel
wie ein kornwurm
wie ein hammerfisch
o holomek
holomek
liegt im hinterhalt
und hält seine empfindungen zurück

familie

mein vater ist kleiner als ich
meine mutter ist kleiner als mein vater
mein onkel sagte mein vater ist kleiner als meine mutter
aber mein vater ist nicht kleiner als meine mutter

mein vater ist im gegenteil größer als meine mutter gewesen
aber mein vater ist nicht tot mein onkel ist tot
mein onkel der gesagt hat mein vater ist kleiner als meine mutter
ist tot
aber mein vater ist nicht tot
aber schon lange meine mutter

leben
kleben

leben
kleben

die dinge
mit augen

die dinge
mit augen

die dinge
mit augen
bekleben

sehen
sehen
sehen

tief
graben
jordan
tief
graben
jordan
tief
graben
jordan
tief
fische
jordan
tief
fische
graben
jordan
tief
fische
graben
tief
graben
tief
fließen
fische
graben
jordan
tief
fließen
graben
fische
jordan
tief
jordan
tief
fließen
fische
graben

jordan
tief
fließen
tief
toten
tief
jordan
fische
graben
fließen
toten
tief
toten
tief
fische
toten
meer

ko
kol
kom
kon
kor
kognak
kor
kon
kom
kol
kongo
lualaba
aruwimi
itimbiri
komm
kohn
komm
kohn
kommkomm
kohn
kohn
kohn
kohn
kohn
kongregation
itimbiri
aruwimi
lualaba
ko
kol
kom
kon
korsett
komtesse
kosaken
korsettkomtesse
kosakenkorsett

korsettkosaken
kongokorsett
lualabakorsett
aruwimikorsett
itimbirikorsett
koks
kokotte
kokosmilch
kokskokotte
kokottenmilch
schmuckelfen
schwertschnäbel
wundersylphen
kokoskokotte
kohn
lieber kohn
komm

weiß
schwarz
weiß
schwarz
weiß
schwarz
weiß
strich
schwarz
weiß
strich
schwarz
weiß
strich
balken
schwarz
weiß
strich
balken
schwarz
weiß
strich
balken
gitter
schwarz
weiß
strich
balken
gitter
schwarz
weiß
strich
balken
gitter
stacheldraht
schwarz
weiß

strich
balken
gitter
stacheldraht
schwarz
weiß

hanfseil
schwarz
hanfseil
schwarz
hanfseil
hanfseil
hanfseil
hanfseil
hanfseil

oktoberrevolution ungarn

klappen
kappen
halbieren
klappen
kappen
halbieren
klappen
kappen
halbieren
klügeln
klappen
kappen
halbieren
klappen
kappen
halbieren
klügeln
klappen
klügeln
kappen
klügeln
halbieren
klappen
kappen
klügeln
halbieren
klügeln
klügeln
klügeln
kugeln
klappen
kappen
halbieren
klappen
kappen
halbieren
kugeln
klügeln
klügeln
klügeln
klügeln
kugeln
kugeln

klappen
kappen
kugeln
kugeln
halbieren
klü
kugeln
kugeln
klü
klappen
kugeln
kugeln
kugeln
kapp
kugeln
kugeln
halbieren
klapp
kugeln
kugeln
kugeln
kugeln
kapp
kugeln
kugeln
halbieren
halbieren
halbieren
halbieren
halbieren
halbieren
kugeln
klapp
kapp
kugeln
klapp
kapp
kugeln
kugeln
halbieren
halbieren
halb
halb

hal

hal

hal

klapp

kapp

klüg

klügeln

glocken

klügeln

glocken

klügeln

glocken

glocken

glocken

glocken

glocken

strickleiter

ssst
ssst
ssst
ssst
rrrrrrr
ick
ssst
ssst
ssst
ssst
rrrrrrr
ick
l l l l l
k
keineangst
keineangst
keineangst
keineangst
keineangst
k
ssst
ssst
rrrrr
ick
ssst
ssst
rrrrr
k
l l l l l
ter
te
t
ter
te
t
ter
te
t

k k k
aaaaaaa
gst
aaaaaaa
gst
aaaaaaa
gst
aaaaaaa
gst
lei
le
t
lei
le
t
ick
lei
t
ick
lei
t
t t t
te
ter
ter
te
ter
ter
täter
dertäter
dertäterdertäterdertäterdertäterder
uuuuuuuuuuuuuuuuuuuuuuuuuuuuuuuuuu
ick
lei
ter
ick
lei
ter
ick
lei
ter

ick
lei
ter
rick
rick
rick
trick
trick
trick
rrrr
er
ter
eiter
leiter
kleiter
ickleiter
rickleiter
trickleiter
strick
trickleiter
strick
trickleiter
strick
aaaaaaa
gst
aaaaaaa
gst
aaaaaaa
gst
aaaaaaa
gst
s——c——ht
rickleiter
ickleiter
kleiter
leiter
eiter
ter
er
r
ssst

abschied

unsermund

unsere hände

adieu

adieu

ATHENER

messer gabeln suppenlöffel zahnstocher servietten untertassen
suppenschüsseln tischtücher teelöffel eierbecher
kaffeetassen teekannen kaffeekannen teetassen weingläser
wassergläser karaffen samoware salzstreuer ein
schnapsgläschen
die teller sind die glücklichsten
die teller sind die glücklichsten
die teller sind die glücklichsten
die teller sind die glücklichsten

dieser glückliche lebte glücklich nämlich glücklich im
glücklichen frieden glücklich in seiner glücklichen
vaterstadt: er der glückliche führte glücklich ein
glückliches familienleben und sein glück wurde
glücklich durch keinen glücklichen verlust
glücklich getrübt

messer gabeln suppenlöffel zahnstocher servietten untertassen
suppenschüsseln tischtücher teelöffel eierbecher
kaffeetassen teekannen kaffeekannen teetassen weingläser
wassergläser karaffen samoware salzstreuer ein
schnapsgläschen
die teller sind die glücklichsten
ATHENER

der busch

der busch steht gewöhnlich
der busch steht ungewöhnlich
der busch steht ordinär
der busch steht vornehm
wer die dornen scheut
kommt nicht in den busch
wer in den busch kommt
scheut die dornen nicht
wer nicht in den busch kommt
scheut die dornen
wer die dornen nicht scheut
kommt in den busch
wer scheut die dornen
wer scheut die dornen nicht
wer kommt nicht in den busch
wer kommt in den busch
wer steht gewöhnlich
wer steht ungewöhnlich
wer steht vornehm
wer steht ordinär
wer steht
der busch steht
wer steht der busch
der busch steht der busch
steter busch
steht den busch
unsteter busch
steht den busch nicht
steter busch und unsteter busch
steht den busch und steht den busch nicht
lieber den grünen busch
steter busch steht lieber den grünen busch
unsteter busch steht lieber nicht den grünen busch
wer steht der busch
den grünen
wer den grünen
den gewöhnlich grünen

wer den gewöhnlich grünen
den ungewöhnlich grünen
wer den ungewöhnlich grünen
den ordinär grünen
wer den ordinär grünen
den vornehm grünen
oder das leberblümchen
oder das lungenkraut
oder das weißdorn
oder das rascheln

englische gedichte

1

bleeeeeeeeee-
stuss
on me maaaaaaaaaa-
ther
and the shoe
and the easter-egg

maaaaaaaaaa-
thus
on me bleeeeeeeeee-
ster
and the shoe
and the easter-egg

cometh
cometh
put the poodle
cometh
cometh
put the poodle

bleeeeeeeeee-
stuss
on me maaaaaaaaaa-
ther
and the shoe
and the easter-egg

2

stilton cheese
cureth
warts
wormeth
through needles
calleth
BBC
moist soulful

3

the whole whole mole
studies woolly

the whole whole wool
studies moly the mole

moly the whole whole studious mole
  foiling the wool
stops the trophy

4

just
short before the mouse
nay: just
long before the president
thinkest thou
pernicious filthy and handy
cod-livery but footy
footy but lady oh lady in
such a story
pernicious filthy and footy
but how deferential
mightst say
short –
nay: long
just before the president

5

sweaters uncle a frog
or an item
or perhaps little nelly
yes there is a sailingboat in me daddy
at table it can whistle like a steamship
you know that joke about no
no
no? yes
well

yes
yes?
yes. that's the joke about no
there's a nightingale in me mummy caught cold
  years ago and is dead now
was she a good one
deed she was

gemeinschaftsarbeit

mit friederike mayröcker

ofenfängergerberbär
lustig brummt es
kamelelsesäbelbellen
o wie gelbwarrn
galleallelederderbebären
in kugeliger form
hututerusrussensensenente
gelbe schnäbel im schilf
kinderindererde
wurzeltief
birkekegelegelgangstersterbekreuz
ginster auf dem hügel
froschschopfpfeileililse
mitten durch die zeit
beileideididadamalsalsalsosozusagen
sägen
dicke sägespäne
seelenländlichercherubime
auf dem dachboden der sägemühle
solltenlängststiefkinderindererdeeineinsamesmessererben
diese höhlenkinder
mammutmutter
unter der erde
falsifikatkatzezebrabratsche
dichtgedrängte streifen
körnigesgesindelindelphi
wüten
wie wüterich
wutentbranntantillenlängsängstlichererbenbenagen
die erben des wüterichs
reichstalerallergienginsterrebenbändigen
trauben binden
schnürereißensenkrecht
die unzerreißbaren puppenspieler
italienerjenernervenkrankenrankenkänguruhs

hagerholzig
milchcharlielieberbär
bischof
gebogener weißer stab
rolloleanderanderswohin
in die abruzzen
handandacht
braune gelenke
erwinwinktetäglichlichterloh
er leuchtete aus der kabine
bienennancysinddirirgendwiewiderlich
halb und halb
meinenestersterbenerbenlos
so wie meine bienenstöcke
obenendlichich
mit einer kapuzenkrone
bininnüsternsternennancyzitroneohneende
ohnenebelbelindabelinda

ein blick durch ein fernrohr

ein spaziergang durch den park
ein spaziergang auf dem walle
wie man durch einen draht sprechen kann
wohin kommt das spülwasser
mutter hier ist eine depesche gekommen
an der findorfstraße ist eine tierklinik für kranke tiere
was die post alles besorgt
was ein brief sich gefallen lassen muß
ein affe hat eine große nuß gefunden
ein anderer der hinter ihm sitzt sieht das
auf einem umgefallenen baume sitzt ein bunter vogel
die elektrischen straßenlampen
gestern bin ich im krankenhaus gewesen
auf dem schlachthof
auf dem wasserwerk
eine schlange reckt sich am stamm hinauf
wer mag in dieser hitze rudern
das gustav-adolf-denkmal
roland auf dem markte
soweit kommt das kind ja nie
im bürgerpark ist es schön
in der meierei ist es auch schön
die hitze ist schier unerträglich
da hilft kein zaudern
wie eine glasflasche gemacht wird
wie ein automat eingerichtet ist
das leben birgt sich hinter dicken mauern
das opernglas
ein blick durch ein fernrohr
wie das gas gemacht wird
wie unser trinkwasser gereinigt wird
jetzt kommen die wilden männer von neuguinea
jetzt ruft ihn die pflicht
die kleinen fische fliehn erschreckt davon
wie das korn gemahlen wird
wie man mit dampf eine stube heizen kann
wer mag in dieser hitze rudern

wenn die mutter an der nähmaschine näht
da rasselt jemand mit einem schlüssel
wenn man den wecker stellen will
was alles im güterzug fortgeschafft wird
wir baden in der freien weser
was der schmied mit dem blasebalg macht
ihr leute macht platz
jetzt kommen die wilden männer von neuguinea
sieh nur wie die indianer leben
im heißen lande
eine glocke läutet
du mußt deine mütze auf einen haken hängen
im bürgerpark ist es schön
der lehrer lachte und gab dir die hand
museumsgänge
im urwalde
bei den negern
im kalten lande
im eskimohaus
die reise ins gebirge
die bergbesteigung
im bergwerk
ach wie sah der teppich aus
kein kuchen ist gebacken worden
kein baum hat gebrannt
emmi hat scharlach gehabt und die andern beiden diphteritis
das war ein jubel
wie weinte fritz
o tannenbaum o tannenbaum
erste orientierung
im alkoven
wer alles mit uns fährt
jetzt kommen die wilden männer von neuguinea
soweit kommt das kind ja nie
ein affe hat eine große nuß gefunden
sind die äpfel schon reif
verlaufen im walde
die schweine werden gefüttert
der onkel kommt von der jagd
das lineal an der wand
mit kreideweißem gesicht kam sie in die stube

waschen kann ich mich schon allein
wenn der wasserleitungshahn nicht fest geschlossen ist
könnte die ganze küche überschwemmt werden
es schläft mann weib und kind
wenn die ofentür offensteht kann eine glühende kohle
herausfallen und die matte verbrennen
es schläft mann weib und kind
wenn kein stuhl vor dem bett steht kann anna auf den
fußboden fallen
ward dem mann im heißen arbeitsdrang zu kurz der tag
es kommt der großvater auch noch zu besuch
jetzt kommen die wilden männer von neuguinea
das gustav-adolf-denkmal
da hilft kein zaudern
die kleinen fische fliehn erschreckt davon
auf einem umgefallenen baume sitzt ein bunter vogel
eine glocke läutet
im heißen lande
wie man mit dampf eine stube heizen kann
ein blick durch ein fernrohr
soweit kommt das kind ja nie
die hitze ist schier unerträglich
was der schmied mit dem blasebalg macht
wenn der himmel einstürzt liegen wir alle darunter
und gottes engel schweben durch die nacht

autobus nach rust

brust
autobus nach
rust

*

gließ gott
ich komm
aus china

*

da zog
der herzog
den herzigen herrn herzog
an sein herz

*

stukkatur
gips
ins taschl

*

silien
bra
silien
bra
fbist

*

wie
oft oft
der dingen
heinrich der

*

mexiko?
na
i need

*

hua
hua
huast ned so fü

*

per
wers
glaubt
fahrn sie viel bequemer

*

krummt
alle mit
auf die krim

*

sie
sie!
sie!!
birien

*

ei
bei
walther von der vogelwei

aladdins wanderlumpe

    vier
vor vier
vor vier

*

mir
kissen sich

*

glut
glatt
klatt
klatsch
glutsch

*

die zahn
paste
passt eh

*

pech
ein harz
ein hartes

*

zandhulzer
zondhülzer
zündhölzer
z z z

*

ko
kau
ko
lau

*

krebs
hebs
obbsda zu schwer ist
dei gschwürl

*

bier
papa
papier

*

polster
elster
pelster

*

lamda die käl
        tedie käl
        tedie käl

*

hori
      ozon
        zont

*

krieau
krieau
   grau

*

scheeler
          schieler
                    schiller

schiller

*

    glas hin
ter glas hin
ter glas hin

*

iss
balsam
sstag

*

  oper
  opar
don

*

     pri
  mapri
sma

*

augenl
        ichtn
        icht
augenl
auge

*

bulisch
somnam

still
zertritt
still
zertritt
drei
dreieinhalb
still
zertritt
drei
still
einhalb
zertritt
still
zertritt
dreidreiviertel

manchmal schreibe ich
auf dem weg durch die abendliche kärntnerstraße
einen film
der mich so reich macht
daß ich dir alle schätze dieser schaufenster zu füßen legen kann

und damit mir meine freunde nicht böse sind
bleibe ich stets literarisch
»hebbel in wien«, »der arme lenau«
oder
»das seltsame leben des anastasius grün«

viele züge fahren nach paris, während

mein spaziergang fährt nach paris, während du nach paris fährst
dieses weinglas fährt nach paris, während du nach paris fährst
auch mein bett fährt nach paris, während du nach paris fährst
selbst der mond fährt nach paris, während du nach paris fährst

aber alle diese züge sind unverläßlich

mein spaziergang fährt bis zu jenem weinglas nach paris
                                        und fällt ins weinglas
dieses weinglas fährt bis zu meinem bett nach paris
                                        und fällt ins bett
auch mein bett fährt bis zum mond nach paris
                                        und fällt in einen krater
selbst der mond fährt nach paris
                                        und fällt in den fensterrahmen

der fluß läuft
brücken stehen
schiffe vertrauen
und das meer wartet

3 aphorismen

1

pritschel
blink
            bonbon
frei
fern
fiedel

2

dünnkrieg
            löcher licht
            liliweiss
drehkrieg

3

bellenden
            südsee
            süsse
zack zick
            sing
pflock

der schweizergardist

ein landschaftsgreis vernimmt die botenschaft
der übelsiedler aus dem minstrelstand
mit finstern händen. durch sein nörgelband
drückt ihn der lauschezweig, am zweifelsaft
halb-halb entschlafen. schnabelrümpfig klafft
sein hauseweib gemach am spindelrand.
es hindert ihn kein brotkrieg, überwand
er japan doch im sinn der eierkraft.
bleisamen blieben freilich oft auch ihm
am beil, wenngleich an seiner rockestracht
kein wasenmeister je die kerze kniff.
sogar den klopfbalkon schlägt er sublim
im seidelbast. und mit den faunen macht
er fahnen kleckrig, weißlichgelb, mit griff.

perlfang

verwurzelt im geburtssalon, entspinnt
ein kühler jammer ihr den vierten zopf
ganz früchterein. doch zweimal schreit sie: klopf
eh dir der kutscher von der karre rinnt,
damit das pferd nicht niederträgt. so sinnt
sie durch den arztballon, der auf den topf
das zwitscherfleisch ihr stemmt. den weichen kopf,
entkernt, entstirnt, entzähnigt und entkinnt,
wirft schwester klara in ein butterfaß,
worauf das quietschen steiler wird. getrennt
von ihrem superintendenten, fließt
ihr leibestrank ins firmenzelt. glitschnaß
brrrrn die sterne. doch dann wird gepennt
ewiglich. nur die nase im bottich niest.

zertretener mann blues

ich kann die hand nicht heben hoch zum gruß, schau her:
ich kann die hand nicht heben hoch zum gruß.
wo ich doch weiß, wie schlimm das enden muß.

da steht der braune mann vor mir und schlägt. schau nur:
da steht der braune mann vor mir und schlägt.
diesmal heb ich die hand, jedoch zu spät.

ich krieche mit zerdroschenem gesicht. schau weg:
ich krieche mit zerdroschenem gesicht
vor meinem schlächter, doch ich bettel nicht.

ein stiefelriese tanzt auf meinem bauch. hilf mir:
ein stiefelriese tanzt auf meinem bauch.
ich fresse feuer, und ich bettel auch.

bald fällt ein knochensack ins massengrab. ho ruck:
bald fällt ein knochensack ins massengrab.
dann bin ich, wo ich meine freunde hab.

heute

heute verdecken die entdeckung der zukunft, vertuchen,
vertuschen.
heute den plünderern vernageln den weg, die särge versiegeln.
heute den denkstein metzen, das trauerlied murmeln, blumiges
büscheln.
heute den erben krönen und thronen, einsetzen zum staub über
den staub.

nach schluß

keiner breitet ein tuch über dieses schreckliche ergebnis
aber es ist ja nicht weit und breit ein auge, vor dem es
zu verbergen gälte solchen anblick. auch sind nicht vonnöten
masken gegen die erstickenden gase; sind ja doch
lungen weit und breit, sie einzuatmen, nicht vorrätig.
und vergebens treiben die winde zu neuer schlacht, wo weit und breit
endlich nicht ist ein einziger feind mehr, heere des staubes.

erstarrt gegenüber

die öligen schergen einer bestialischen vergangenheit
stehen mit kreuzen, bibeln und bomben
den bestialischen schergen einer unausdenkbaren zukunft
erstarrt gegenüber.

erstarrt gegenüber
den öligen schergen einer bestialischen vergangenheit
stehen mit hämmern, sicheln und bomben
die bestialischen schergen einer unausdenkbaren zukunft.

wald und fabrik

der grüne wille des forstes
wird geaxtet. zusammengeschellt
faltet sich ins kirchholz
volk. schwere schwalben
schweben über dem fließband.
schornstein und föhre
fassen einander ins auge.

börse

die fliege saß auf haut.
verjagt hat sie das rind.
die fliege ist schon tot,
und tot ist auch das rind.

doch lebt der brave mann,
der mir von dieser haut
die börse flink genäht,
darin mein kleingeld klingt.

wasser

der hagel zertritt des landmanns brot.
der dicke fluß frißt ganze häuser auf.
seeleute zerbeißt das meer mit den haifischzähnen.
wer von wasser berichtet, benötigt ein wort für tod.

der waldquell kühlt den wanderer und das reh.
der regen füttert die felder und fluren satt.
das licht aus den stauseen strömt in die finsteren nachtstädte.
wer von leben berichtet, benötigt ein wort für wasser.

nach der ernte

das gras ist gemäht
das getreide ist geschnitten
die bäume sind gefällt
das vieh ist geschlachtet
jetzt ist es zeit
zu tanzen

ein schulmädchen

die ferien sind alle
die schule ist die falle
ich bin die kleine maus
der lehrer sieht wie käse aus

ausgang

ich rannte fort und wuchs
von straßeneck zu straßeneck,
bis ich als riese dastand,
den kirchturm in der hand.

ich drehte um, nahm ab
von straßeneck zu straßeneck,
war zwerg beim haus und sprang
zur klinke hoch als maus.

bier

ein nasser ring auf der tischplatte
ist alles, was von dir bleibt,
wenn dein glas in den eimer getaucht wird,
damit es an dich nicht erinnert.

die kellnerin wischt mit dem fetzen
den nassen ring von der tischplatte,
trippelt mechanisch zur ausschank,
zapft bier ab für andere gäste.

bruder

wer also bruder! schrei,
mein nicht den bruder
der aus der gleichen mutter gleichem leib
gestoßen ward in unsre höllen.
denn dieser bruder ist der kain!
mein er aber den andren
den im geistigen
der auf der wüsten heißestem grund
sitzet und gar bruder! denket,
solcher hat bezogen den schrei
auf ein richtiges auch.
obschon…

an mein haus

das haus
als das man dich gekannt hatte
einstige ruine
hat in dir überdauert;
es hat die ruine überdauert
als die man dich kannte.

die ruine
als die man dich kannte
haus
überdauert in dir;
sie überdauert das haus
als das man dich kennt.

laterne, hinter bäumen

ich, laterne, verwalte,
von baumkronen gedeckt,
den nachlaß der vielen nächte,
die an den kreuzen der scheinwerfer vergingen.
mögen die nachfahren blättern darin.

entstehung der orangen

der mantel trägt das kind
vom dritten stock in schnee.

der schnee ist in der stadt
und trägt zur feier schwarz.

das kind steckt seine hand
spitz in den schwarzen schnee.

es nimmt für einen ball
und wirft den ball in graue höh.

der ball nimmt gegen süd
den unbeirrten kurs.

sizilien ist sein ziel,
weil dort die sonne steht.

die sonne ist ein großmaul.
da fällt der ball hinein.

die sonne spuckt sehr aus.
da fliegen tausend rote hennen auf.

die hennen sind ein heer.
das fliegt nach norden zu.

sie werden immer mehr
und fallen auf die stadt,

aus der das kind den schnee
hinausgeworfen hat.

die kisten stehn bereit
und der orangenhändler schreit:

orangen! orangen!
kauft meine orangen,
schöne rote hennen
direkt aus dem stall
unserer lieben sonne von sizilien.

ins theater

vater und kind
gehen ins theater.

wenn sie dort sind
beginnt das stück.

ist es aus
gehen sie zurück.

das war ein applaus!
sagen sie zur mutter.

ein anderes mal...

mutter und kind
gehen ins theater.

wenn sie dort sind
beginnt das stück.

ist es aus
gehen sie zurück.

das war ein applaus!
sagen sie zum vater.

ein anderes mal...

vater mutter und kind
gehen ins theater.

wenn sie dort sind
beginnt das stück

ist es aus
gehen sie zurück.

das war ein applaus!
sagen sie zu einander.

ein anderes mal . . .

das kind
geht ins theater.

wenn es dort ist
beginnt das stück.

ist es aus
geht das kind zurück.

das war ein applaus!
sagt es zu den eltern.

listen

ein schales maien fieberte sich auf
schuppte sich ab von schwacher junibrust
lief grätschend nach dem fetten julius
zog sickernd durch die fahnen des august
und ölte die septembertümpel blau

dort hockte otto in geborgten locken
nannte sich nora mit den vielen bürsten
daraus der eber zerrt die strähne mut
mit der sein zahn den lauf des jägers säumt

durchstarrte februar noch eis nach trautem
warf schon die märzin erde scheitelhoch
doch alle übertraf an list april

hans der geiger

am geigenbisse siecht
der johann blaß dahin

er hatte sie am kinn
die sanfte schlummerin

er kratzte ihren nerv
damit sie schnurre lind

da riß sie plötzlich auf
den zippverschluß des schlafs

wild wuchs daraus ein zahn
fuhr tief in johanns stirn

mars

das männchen schreit: marschmarsch!
vom boden aufspringt mars.

hinlegen! schreit es dann.
zu boden hinfällt mars.

das männchen schreit: hinein!
mars muß schon drinnen sein.

es schreit sodann: heraus!
da turnt sich mars heraus.

das männchen schreit: ein stern!
mars hängt an seiner brust.

das männchen schreit: ich gott!
und ist zerstampft.

so hat sich mars gezeigt.

aspang, n. ö.

halt umschau hier und kurze rast
so über dir der himmel blau
bis du es still genossen hast
das schöne tal im wechselfrau

das hundelvieh

für friederike mayröcker

gar traurig geht das hundelvieh
auf einer zeh und einem knie

—

verloren leckt das hundelvieh
am roten fleck der masturbie

—

zerbrechlich ist das hundelvieh
drum wirf es aus dem fenster nie

—

nach lorbeer lechzt das hundelvieh
und preßt die hohe stirn ans knie

—

sehnsucht erfaßt das hundelvieh
nach menschenstimme oft doch nie

—

ich schlafe mit dem hundelvieh
nicht immer sondern da und hie

—

unruhig begießt das hundelvieh
ein knisterndes laternenknie

—

endlich verwächst dem hundelvieh
zu gleichem stumpf das er und sie

—

nach frieden lechzt das hundelvieh
doch ohne gott findt es ihn nie

vaters farm

der vater dreht den harten bart
er hat der kranken katze leber gebracht
das pferd hat schwarze schatten an den flanken
das lange schaf hebt wehklagen an
der jagdwagen wackelt

fünf

1 (ein gewisses nieseln)

die wiese ist im frischen strich.
vier kinder kriechen hinter sich.
so ist es nach dem winter.

2 (der wirt emil)

emil der wirt rief die kellnerin ins zimmer.
der riegel hielt wie besessen.
inzwischen strich sich die wirtin milch ins gesicht.

hier riefen die kinder: hilfe hilfe.
zwiebeln indes ließ emil immer dicht verschließen
denn niesen ist nicht sein gewisser trick.

3 (brieflich)

vielen schrieb sie briefe.
sie legte die liste ins bett
bis sie schlief.

4 (fabers marthas erster abend)

abends gab es rhabarber.
faber war zarter als martha.
er warf harte waffeln ans glas.
martha hatte lang daran gewartet.

5 (der letzte abend)

erst lachte er
dann dachte er an warzen.

daher gab es krach am letzten abend.

körperfragen

ist nicht sein rechtes auge recht ein auges rechtes auge?
ist nicht sein linkes ohr link ein ohres linkes ohr?
ist nicht sein rechtes bein recht ein beines rechtes bein?
ist nicht sein linker fuß link ein fußer linker fuß?
ist nicht sein rechter arm recht ein armer rechter arm?

ein lied

in grenzen
existiert

soldaten
existiert

beinernen
existiert

mit ihnen
existiert

der augen
existiert

endgültig
existiert

solang noch
existiert

behauptet
existiert

verwässert
existiert

verbindung
existiert

womit man
existiert

man damals
existiert

for the one and only gertrude stein

eine rose ist eine rose ist eine rose
aber eine frau?

ein riese ist ein riese ist ein riese
aber eine frau?

ein stein ist ein stein ist ein stein
aber eine frau?

eine frau ist eine frau ist eine frau
aber eine rose?

schneemann

der schnee war mir nicht heiter genug
so trug ich ihn nicht genug weiter
da war er plötzlich aller hier
es wurde mir ganz bang bei ihm
ich wollte rufen: lawin lawin
da war er schon in mir drin

hernach unter

fallen sollte
die luft
für eine weitere
luft.
hoffnung
und boxkämpfen
schläft
die schläfe.
und merkt nicht
den sport.

eine einfache
linke
hand
peinigt den glanz
deiner tage.
durchaus
verheißungsvoll.

laßt
beide.
laßt

jedem wissen
spott.

vergelts
gott vergelts
gelts gott
vergelts gott

fair götz
gott fair götz
götz gott
fair götz gott

forgets
goat forgets
gets goat
forgets goat

kopfobst

hob tom obst vom kopf so fror
sofort toms top floor
so zog torn kopfobst vor

red
red
not yellow
red
neither yellow nor green
red
no other colour in the world but
sprich
*
don't
singen
don't
singen
keine lieder
nothing
sing nicht
don't talk
*
go
gott
got trouble
gottlos
got lost
gott
lost
*

pain
pein
i know only
2 sprachen
and my
kinder
didn't want any
pomp

infektionspoesie

der vater sagt: wo?
die mutter sagt: so.

die mutter sagt: wie lang?
der vater sagt: ein andrang.

der vater sagt: wie oft?
die mutter sagt: unverhofft.

die mutter sagt: wann?
der vater sagt: man kann.

der vater sagt: wozu?
die mutter sagt: du.

die mutter sagt: wie weit?
der vater sagt: auf lebenszeit.

der vater sagt: wieviel?
die mutter sagt: persil.

die mutter sagt: wen?
der vater sagt: bis zehn.

der vater sagt: weshalb?
die mutter sagt: halbhalb

die mutter sagt: womit?
der vater sagt: zu dritt.

der vater sagt: woher?
die mutter sagt: sehr.

die mutter sagt: worin?
der vater sagt: bis wien.

der vater sagt: wofür?
die mutter sagt: es geht die tür.

die mutter sagt: weswegen?
der vater sagt: entlegen.

der vater sagt: mit wem?
die mutter sagt: bequem.

die mutter sagt: wie alt?
der vater sagt: kalt.

erster weltkrieg

der vater sagt: nimm meine hand
die mutter sagt: für gott und vaterland

erst habe ich mich umgebracht.
dann bin ich wieder aufgewacht.

dann habe ich mich umgebracht.
dann bin ich wieder aufgewacht.

dann habe ich mich umgebracht.
dann bin ich wieder aufgewacht.

dann habe ich mich umgebracht.
dann bin ich wieder aufgewacht.

dann habe ich mich umgebracht.

verständigung

spring frühling
sprang sprang
sprung crack

spring frühling
sprang crack
sprung sprang

spring sprang
sprang frühling
sprung crack

spring sprang
sprang crack
sprung frühling

spring crack
sprang frühling
sprung sprang

spring crack
sprang sprang
sprung frühling

bei tag

der vater sagt: bei tag
ich keine vögel mag.

der käfig wird bedeckt.
der vogel schweigt erschreckt.

der vater sagt: bei tag
ich niemals puder mag.

die wangen die er meint
werden gleich gereinigt.

der vater sagt: bei tag
ich keine feige mag.

der teller wird geleert.
feigen sind nichts wert.

der vater sagt: bei tag
ich diesen schwanz nicht mag.

der pudel wird berührt
und aus dem haus geführt.

jetzt hat der vater zeit
und der tag erstreckt sich breit.

schwulschwül

um kühl
zu fünft
zerknüll
den rumpf

strümpfe
zupfen

stuhl
der blätter
geschult
befühlt

zapfen

mengen

ein ganz halbes
ein halb ganzes

ein ganzes halb
ein halbes ganz

ein ganzes halbes
ein halbes ganzes

ein ganzes ganzes
ein ganzes ganz

das problem der sinnlosen anwesenheit

vegetativ gesteuerte dichtung

–

wir schicken euch verträumte verse
und kratzen hart an eurer ferse

–

dies schrieb ich hin am letzten tag
bin nämlich vom gehetzten schlag

–

garsthaus

–

freut euch des werfens

–

ach wer kann schon einen heißen
büttel aus den flammen reißen

–

imitative & non-imitative poetry

–

finstergrins

–

aus ordnern und mappen 1

(bisher unveröffentlichte Texte
aus dem Nachlass des Autors)

Vor der Entscheidung.

Das grosse Tor ist zu.
In finstrer Ruh
Oed und verlassen
Liegen die Gassen.
Oellaternentran
Träufelt zur Erde.
In mir fängt Toben an
Wie Huftritt scheuer Pferde.
Zu ist das Tor.
Nun Mut empor!
Die Hand zuckt vor
Sinkt nieder
Greift die Klinke wieder.
Wild tost das Herz
Das Tor reisst auf
Ein zager Schritt
Ein schneller Tritt
Schneidender Schmerz
Die Hand krampft zitternd
Um die Schnalle:
Entscheidung falle!

(ohne Titel)

Kotverkrustet, ausgemergelt,
wankt in wundenmüdem Tritt
graues Heer durch graue Strassen
und ich wanke mit . . . . . .

Lippen, schmerzensmüd zerbissen,
Haar zerrauft und stur der Blick,
lumpeneingehüllt, zerrissen –
stumm wanke ich mit . . . . .

Weiter geht es. Endlos, ewig
pulst der gleiche dumpfe Schritt
durch die Menschen aller Zeiten.
Doch ich – geh nicht ewig mit.

fenster

weite
liesse sich nicht ertragen
ohne diese stangen. ihre kaelte
macht die haende kuehler. so
zieht man bohnen im garten. so bindet man
verlangen.

im gedraenge sind jedoch
erschuetterungen unvermeidlich.
da bersten die binden
ueber den wunden der zusammenhaenge.
da werden die blinden sehend,
da zerbrechen ihnen die haende.
da fallen eiserne jalousien
ueber die aussichtslosen fenster der enge.

dunkle straßen

und weiter treibt der krumme weg
durch röhren feucht und rauhbereift.
das feuer bricht aus schwarzer wand
vom dach hängt starr ein blauer schrei.
dumpf dröhnt das aufgeblähte blech
zu brei zerreibt das rad den stein.
der große bogen streicht die schrill
gespannte saite ohne ton.
geängstet und verwirrt umkreist
das auge seinen hohlen thron.

vergessenes

wind, müde im haar.
eine bunte schachtel. träume.
eine kiste erde am fensterbrett.
am rand ein bettler. bäume.

köpfe aus stein auf der grauen wand.
ein großes tor. nie offen.
eine frau singt abends. lichter im schloß.
dann von bomben getroffen.

gesichter wie zeichen im gelben sand.
eine blaue, verweinte wange.
gegangen. getragen. begleitet. allein.
vergessenes wartet lange.

nach neuen bergen

der urwald stellt hinter uns
eine dicke wand.
vor uns die wüste
beißt nach unsrer hand.

viele drehn sich um.
weißer sand blendet.
ihr kopf steckt zwischen zwei ruten
wie ein blick, der im fenster endet.

wem aber füße schreien:
tu einen schritt!
der muß von wänden weggehn.
keine wand geht mit.

viele stellen stangen auf.
viele reden grund.
viel steine rollen und pfade
wachsen jede stund.

in gefrorenen nebelquadern
steckt einer wie ein zwerg.
der baut aus zerrissenen adern
einen neuen berg.

der will ein kreuz schlagen
in sein fleisch ein.
wird er sein zeichen tragen:
er wird kein zwerg sein.

das gleiche

beim empfang der nachricht vom tode seiner mutter sah ich meinen vater zum ersten mal weinen. meine mutter hielt ihn wie ein kind und strich ihm über den kopf.
als mir wenige jahre später das gleiche zustieß, bemühte ich mich vergeblich, dem beispiel meines vaters zu folgen. allerdings hatte ich auch keine mutter, mich zu halten.

entwicklung staatsbürgerlichen denkens
in 4 phasen mit anmerkungen

erste phase: kindheit
wie klein sind wir.
wie groß seid ihr dagegen.
ihr seid die herrn.
wir haben euch gern, wenn ihr uns zum photographieren auf den arm nehmt, weil ihr dann ein freundliches gesicht macht.
(aber im unterbewußten bereits:
1, 2, 3, 4, 5, 6, 7 –
keiner noch ist klein geblieben.)

zweite phase: jugend
wir sind im wachsen.
größer seid ihr ja noch, aber:
wartet nur, balde
kommen wir (an die reihe, ist zu ergänzen, wobei sich der einfluß allgemeinbildenden pädagogischen mühens in der klassischen formulierung, die sich eben in dieser auslassung stark pointiert verdeutlicht, verdeutlicht.)

dritte phase: reife
wie vernünftig sind wir.
wie vertrottelt seid ihr.
das volk hat immer recht.
ihr könnt uns gern haben.
(starkes erwachen demokratischer gefühle äußert sich in kraftausdrücken, attentatsträumen sowie in aggressionsakten – mit vorliebe gegen ehepartner –, die als demokratische ersatzhandlungen zu werten sind.)

vierte phase: ueberreife

wie alt sind wir?
wie alt seid ihr?
und da wollt ihr die herren spielen?
grünschnäbel!

(in ländern, deren öffentlicher apparat sich fast ausschließlich aus angehörigen der alterskreise 4 und 5 rekrutiert, muß wegen allfälligen sympathisierens gleichaltrig ueberreifer die darstellung der vierten phase mit vorbehalt aufgenommen werden.)

(die darstellung der) fünfte(n) phase (mußte leider unterbleiben, da die angehörigen dieses alterskreises wegen zeitmangels derzeit nicht in der lage sind, eine meinung zu äußern.)

(anmerkung: unter »herren« sind die aus allgemeinen, freien und geheimen wahlen hervorgegangenen volksvertreter zu verstehen.)

zerbrochenes dreieck

als kapitän petersens hals hoch
an der tanne hing,
hätte ihn eine frau noch gern
zum manne gehabt.

er aber rief in tiefem baß,
der ihr naß über den rücken lief:
verfluchtes vieh. ein ring fiel
herunter. er meinte sie.

piers holgersen, der gatte,
richter über sein dorf,
klopfte an der tanne die pfeife aus
und schnitt gesichter.

so trage ich wieder den koffer
von station zu station,
innen schmutzige wäsche,
bunte hotelmarken aussen.

vielleicht
macht bloss die erinnerung schwer,
die vergesslichkeit,
die den koffer ausräumt und auf den kasten stellt
zu rasten und zu verstauben.

(vielleicht
macht bloss die erinnerung schmutzig,
die vergesslichkeit.)

so trage ich wieder den koffer
von station zu station,
mache ihn auf vor dem mann, der das gesetz ist,
nichts hinüber zu tragen, was nicht immer schon zu mir gehörte,
über die grenze zwischen zwei gleichen leben.

vielleicht beschliesse ich doch noch, mit leichten händen zu reisen,
gebe den koffer auf und erhalte dafür einen schein,
der mir versichert, dass mein koffer neben mir steht,
wenn ich die reise endlich beschliesse.

(man vertraut zwar dem schein nicht,
doch der erinnerung,
dass wenig verloren geht.)

programmatisch

im wort kann der mensch den menschen erreichen, solang
ihm die liebe das wort nicht aus dem mund nimmt oder
solang nicht der haß seinem wort die zähne zusperrt,
was häufiger vorkommt.

im wort ist der mensch dem menschen erreichbar, solang
der haß nicht trommeln in seinem ohr schlägt oder
solang nicht die liebe ein ohrenbetäubendes lied dreht,
was weniger häufig vorkommt.

nimm die platte vom grammophon, in der deine stimme,
liebevoll konserviert als schwarze schnecke,
von einer nadel liebevoll gestreichelt,
doch nicht seziert wird.
und was dann übrig bleibt, hör zu.

kriech aus dem einsiedglas, in dem du frei bist,
luftdicht verschlossen von pergamentpapier,
auf dem die fliegen mit ihren füßen trommeln.
brich aus dem sitzstreik.
und nimm dir kreide.

spreng den kühlschrank auf, in dem deine zunge eis frißt,
mitgebracht von der flamme aus dem gaswerk,
leg sie aufs fensterbrett zur sonne und laß sie warm werden,
bis im hof die spatzen baden.
und was dann übrig bleibt, sprich mit.

was dann übrig bleibt
zu sprechen, zu hören und zu schreiben
ist wenig und schwierig
weil es von jedem das einfachste ist,
während wir meist nur hören wollen
was viel ist und unverständlich
bis wir es wiederholen können.

nach emmerich

es wusch und war schon witwe
nach emmerich
amalie das taschentuch
das er zuletzt benützte
und zog es durch den seifenschaum
inmitten vieler
von denen jedes seinem glich
die sie benetzte.

die größe und die stärke
seiner beiden kinder
würde er jetzt nicht kennen
sondern sagen
guten abend, mit wem
habe ich das vergnügen?
und sich umdrehen auf der straße
nach den damen.

seine frau
würde er jetzt kaum anschauen.
ihrem namen
würde er nicht glauben.
freut euch, daß nicht umkehrt, wer gegangen ist.
und dennoch wäre er vielleicht
ein lustiger kumpan.

gespräch im sitzen

»wir zwei
sind einerlei.
zwei besetzte stühle
allenfalls.
nebenan frei.«

»zwei wie wir
sind gebunden aneinander.
und ins wasser mit ihnen.
schlimmstenfalls
rücken an rücken.«

»gebunden allenfalls
an den rücken von stühlen.
jeder an seinen.«

»dann mach den versuch mit mir:
mädchen,
steh auf.«

wolke

bergab stieg bei nacht eine wolke,
das tal zu füllen am morgen,
zerschnitten zu werden vom licht
und wiederzukehren nach mittag.

im kopf

finster
ist es im kopf
und unruhig

licht
zwischen mir und dir

lösch nicht aus!

den rostigen rollbalken herunterlassen

den rostigen rollbalken herunterzulassen
vor den laden mit vorsicht und rücksicht in flaschen,
bewährten medizinen zum verdienen und dienen
kann man nicht probieren.

sonst könnte man probieren, vorzudringen
in das höhere stockwerk der erwartung,
ein fenster öffnen und schauen
und sich der aussicht freuen.

dann wollte man wahrscheinlich das haus verlassen
und sich von der beschleunigten straße entfernen,
durch niedriges gras gehen
unter blumen. (nachts unter sternen.)

und spürten die füße wasser
gingen sie tiefer
und stießen den grund ab
als sei drüben ein ufer.

so aber haben wir
im hause
altar und pillen
und alles innen
auch guten willen und
den arzt telefonisch erreichbar
um vier die jause – wie
könnten wir also?

wenn ich denke, wohin du

wenn ich denke, wohin du
während eines ganzen tages lachst
könnte ich brüllen
(ungehemmtheit vorausgesetzt)

wer nicht einer der stillen
oder der heimlichen ist
wirkt manchmal schrill und peinlich
(gehemmtheit immer vorausgesetzt)

daraus erklärt sich, warum
dein gesicht spitzen bekommt,
wenn du ohne mich lachst
(wenigstens teilweise)

du warst bei mir

du warst bei mir
in den tristen jahren
auf dem ozean
im bottich

kein ende in sicht
rief deine stimme von früh
und erinnerte mich
an die hände zum ohrenzuhalten

du warst bei mir
in den tristen jahren
auf dem papierschiff

danke für die teilung der gefahr
ließe sich sagen
jetzt auf dem festland

gegen eine fliege

ich habe nichts gegen einen toten vogel
aber ich habe manches gegen die weißgraue fliege
die aus diesem vogel ihr nest macht.

der tod ist ein irrtum
eine verrechnete rechnung.
ich habe nichts gegen den irrtum.
ich bin selber kein rechner.
aber daß sich die weißgraue fliege im irrtum verschanzt
und die flügel nur noch benützt
um eine verrechnete rechnung zu umkreisen
und dann noch das argument hat:
ihr fehle die kraft den kadaver zu begraben
und vielleicht sei es liebe
und flucht sei feigheit
und ausharren besonnenheit
und vielleicht sogar liebe
und die sonne sei jedenfalls zu weit
für die flügel einer fliege: das
nehme ich ihr übel.

schwalben

wenigen nur
bauen die schwalben
brücken zu den pyramiden,
die langsam verkommen
im jahrtausende alten
sommer der reichen.

eine begegnung

eine begegnung
vier nachmittage ohne regen
vier abende wein
fahrscheinbündel
die rechnung

eine begegnung
ein wiedersehen
eine erwartung auf dem bahnhof
zwei erwartungen vor der oper
besuch in schönbrunn
november

glas und granit
gekreuzte klingen
an der unterseite der tassen
echtes porzellan
mokka
steingut
spiegel im espresso

begegnung
wiedersehen
ein tischtuch
schrammelmusik
der harmonikaspieler mit dem windsorgesicht
mosaik aus torte
mund hinter serviette
zigarettenwald

wie herrlich leuchtet mir die natur
wieviel uhr ist es

gehen ging
verlangen
essen aß
getrunken
auch gesungen

violinenkonzert

trinkt
aus der dürre der geigen

neues
altert
dauerndes
stirbt ab

trinkt
aus der dürre der geigen

altes
erneuert sich

sterbendes
dauert

fuß und lampe

und: zwischen fuß und lampe
fuß: zwischen zwischen und und
und: vor zwischen fuß und lampe
zwischen: zwischen und und fuß
zwischen: nach und vor fuß und lampe
lampe: nach und
fuß: nach und zwischen vor und lampe
lampe: nicht zwischen

unbeirrbar

diese knaben
unbeirrbar
mit ihren drachen
auf der herbstwiese
wo kein wind sich regt
laufen und lachen
unbeirrbar
mit ihren drachen.
laufen und lachen.

cool jazz

eine frau schüttet wein in den strumpf
warum trinkst du den wein nicht mit dem mund?
fragt ihre nachbarin.
ich habe keinen appetit darauf, erwidert jene.
außerdem möchte ich nicht tanzen.

stiegenhaus

begleiten sie mich in den dritten stock?
wohnen sie so hoch? ist meine gegenfrage.
was glauben sie von mir? entgegnet entrüstet die begleiterin;
wir kennen uns doch erst seit heute abend;
ich wohne im souterrain.

magische blätter

alles sahen wir voraus
aber wir ließen uns gerne betrügen

wenn das schräge licht über dem blatt
in die wirrnis gekreuzter linien stieß
griffen wir uns beim nacken und drückten den kopf
in die pfützen
bis die bilder zergingen wie kreide im regen

so gab es tage die wie ein anfang waren
mit verklebten augen am morgen
dem zögern die kruste aufzureißen
und der bettwarmen wollust neuer blendungen
wir hatten alles vorausgesehen

das schmerzliche aufbrechen der lider
war zeit genug dem licht
kleider überzuwerfen

dann hockten wir auf den resten
umgehauener bäume bis zum abend
und erwarteten das resultat
des bleistifts auf einem magischen blatt

es war nicht schwer zu sagen
»neu« und »schön«
und die stimme vibrieren zu lassen in freundlichkeit

betrüger und betrogene wir

es ist so leicht getrost den falschen schritt zu tun
es ist alles so leicht wenn man gelernt hat
der rechte fuß geht links der linke rechts
so bleiben wir in der mitte der straße

die papierhandlung gleich um die ecke
eine alte frau
verkauft dort magische blätter

abelard
belard
elard
lard
heloise

abelard
belard
elard
lard
heloise

ab
ab

heloise

brindisi

in
    the
            sea
brrrrrrrr
in
    die
            see
brrrrrrrr
in
    di
          si

die zeit

fünf minuten vor drei minuten nach sechs uhr dreiunddreißig mitteleuropäischer zeit im jahr 1957 drei wochen vor der erfindung der buchdruckerkunst während des verkehrs mit einem uhrmacherlehrling um die mitte des vierten vorchristlichen jahrhunderts an der wende vom mittelalter zur neuzeit zwischen den beiden weltkriegen nach ablegung der reifeprüfung ab heute von 6 bis 8

etc.

du bist nicht zurückgekommen.
du hast auch nicht versprochen zurückzukommen.
daher habe ich nicht erwartet daß du zurückkommst.
dennoch habe ich gehofft daß du zurückkommst.
daher habe ich gewußt daß du zurückkommst
wie ich jetzt weiß
daß du nicht zurückgekommen bist.

ich
aaaaaaaaaaaaaaaaa
du
ooooooooooooooo
ich
braaaaaaaaaaaaaaa
du
brrrrrrrrrrrrrrrrrrrrr
du
brrrrrrrrrrrrrrrrrrrrr
brrrrrrrrrrrrrrrrrrrrr
ich
goooooooooooooo
du
pech
ich
bach
du
ach
e
goooooooooooooo

menetekel

glasig aufgebahrt
leichen ohne aas.
wanderkarpfen starrt,
wünscht sich dies und das.

kreidet einen plan,
der ihm geld verspricht,
feurig auf die wand
hinter dem gesicht.

sträubt die flossen aus,
rudert wunschgeschwächt,
bis die wand durchbricht
hinter ihm der hecht.

strophen (1)

dicke männer haben keine ganze familie.
dicke männer haben keine antennen.
dicke männer gähnen und schauen nichtsdestoweniger
singenden frauen in den offenen mund.

---

unter schmutzigen schuhen hier
und den gummireifen eines autos dort
drei kilometer weiter hier
das vor fünf minuten an dir vorbeifuhr

zittert die gleiche straße nur
wenn die schweren eisernen wagen rollen
ganz leicht
in den fensterscheiben

---

ich kam vorbei
am haus, in dem ich zu leben begann
und dachte: das ist
ein sehr reparaturbedürftiges haus. wahrscheinlich
fehlen die mittel. aber ganz oben
bemerkte ich drei frauen aus gips an der wand
und freute mich:
es ist alles schon dagewesen, doch
es ist noch nicht alles bekannt.

---

schmutz und schund
nur im linken
mundwinkel
aber im rechten
der jugend zugewandt

zwinkern die echten
goldzähne.

---

fragmente aus dem konvolut »maria magdalena«

gib mir einen löffel in die hand.
stell einen teller heiße suppe auf den tisch.
mach ein gesicht wie meine mutter und sprich
nicht mehr als die puppe meiner schwester,
die quietschte, auf den rücken gelegt,
und quietschte, wenn man sie aufhob.

…

das hat maria magdalena für mich getan:
ich bekam zu essen,
einen teller suppe und ein stück brot.
dann strich sie sich die lippen rot an.

…

fünf uhr wecken. um halb sechs
tanzt der zirkus zur peitsche des löwen,
stampft zur trompete des elefanten,
springt durch den brennenden ring des affen.
was sagt der general um diese zeit zu
seinem adjutanten?
schaffen sie mir maria magdalena herbei, schleunigst!
sagt der general um diese zeit zu
seinem adjutanten.
der general braucht heiterkeit.

---

vom anfang

anfang ist, wo die tür nicht aufgeht.

während
er sich
vor den augen

bläht
und zusammenzieht
stellen

die ellbogen
nichts
derartiges

fest
deshalb
betrachte

ich atmen
des tisches
mit mißtrauen

es grau
blitz

winkel
korn zerrt

fahrt im motorboot

dieses boot
fährt
nach wohin

es fährt
nach unseren fragen

es enthält
unser
was dann

sie hält ihn
wie ihr versprechen

er bricht sie
wie sein versprechen

erde
ererdede
erererdedede
ererererdededede
erererererdedededede
ererererererdededededede
erererererererdedededededede
ererererererererdededededededede
ererererererererbebebebebebebebe
erererererererbebebebebebebe
ererererererbebebebebebe
erererererbebebebebe
ererererbebebebe
erererbebebe
ererbebe
erbe

anscheinende
scheinbare

anscheinbar
scheinbarend

scheinen an
baren schein

angebart

er geht
gegen
er selbst

helles fett

er geht
gegen
er selbst

hell fett

er geht
gegen
er selbst

helft

er geht
gegen
er selbst

nelkenfeld

entstehung der lilie

lililegdich
lililiegt
lililie
  lilie

LYRISCHE MONTAGEN 1963

1

frist geht oft zu. daß alles
hineingeht, wild ist und
auf freiem fuß.

bebt und seht
keinen grund dazu
als sich zu wenden.

der nichts besseres tastet
peitscht in den sieben tönen
von wahrheit für manche.

von einem panzer
stehen hirten
fern nur wenige meilen.

2

sich die zukunft leicht
neigen. ein andres
system: sich mit
silber überziehn. sich
– ratschläge schaukelnd –
gefallen. dann
sich entbinden.

die haare
weiß, das gefieder
rissig, den raum
an ketten, den letzten
tropfen blick mit kupfermünzen
überdeckt – und das allerschnellste
dach gilt.

3

deine rinde klettert stark
auf freien kronen.
schleicht dem schauspieler
der panther in die höh
daß er diese folgen am östlichen felsen
heiter
suche,
verlangen deines todes züge echt
frostreife beeren.
sagen spielen schöne bilder. ergüsse aus
bekanntschaften,
verborgen im auge nur,
schuf diana aus ihren wäldern.
der milchmann
weht im winde.

4

pelzmäntel und geschick erlaubt
des weges sand. über leichen
löst plötzlich als freude
starre pfeile der rauhe
bürger. ein lauter
ort.
stillschweigend wälzen
filter die furcht der königin
ins ländliche kino. tief genug
quellen dort bläulich
die gassen edinburghs.

5

wenn unterwegs die gesichter
und hirsche in finnland ernsthafte
reihen ziehen, zerbricht
schuld und gedanke. ein haupt
streckt den zeigefinger aus, die raupe
kommt anders.

neun jahre dauern zwei
momente in finnland,
nicht länger. und das allgemeine
blütentor besteht
im kampf gegen schleier.

6

wenn schon im schutze der winter
fernher atem schattengleich erbraust,
wie rasch genügt die eine zuflucht.
gestern tut tastend den riegel vor, arges
fiel mit der stunde dahin. die angel
muß mit erfrorner spur zeit und jahre
ganz anders erraten. im mund
weckt ein netz seine fenster: bedeckt
mit gedanken die anmut, mit speisen
die stirn. windgezogen
forscht der kranz in den tag. ohne
eingang wenden griff und schau
ufer am spiegelglas.
der große aufbruch
liebt, fügt
und tröstet.

simple maths

hhhhhhhh eight h eighth 8th 8 th thththththththth

gedicht in zwei versionen

1. abstrakt = deskriptiv

bei bei bei

neben neben neben

über über über

unter unter unter

vor vor vor

zwischen zwischen zwischen

2. konkret = demonstrativ

1 bei bei

2 neben neben

   über
3 über

4 unter
   unter

5 vor vor

6 zwischen zwischen zwischen

vor einem schwarzen blatt schweigen
vor einem weissen blatt schreien

vor einem schwarzen blatt schreien
vor einem weissen blatt schweigen

vor einem schwarzen blatt schreien
vor einem weissen blatt schreien

vor einem schwarzen blatt schweigen
vor einem weissen blatt schweigen

regressiv

ich geh
zu bett
gering
und ach
recht fett
.
ich zieh
wie ach
mein vater einst
zur frau
.
so zieht
der sohn
dem vater nach
recht fett
und ach
gering
.
ich zieh
zu meiner
mutter hin
die mich
im bett
am stadtrand
mit eisernen
rosen
erwartet

hilferufe

sssss-nnnnn
sssss-nnnnn
sssss-nnnnn
sssss-nnnnn
c--hrrrc--hrrr
c--hrrrc--hrrr
dc---hdrrr
dc---hdrrr
'nnnnni
'nnnnni
'ssssti
'ssssti
'lllli
'lllli
k:nnnd k:nnnd k:nnnd

ein kühles
beispiel

von zorn
hängt

über uns
die lampe

bäume und blumen

ein stück

ich spreche über bäume
ich spreche über blumen
wir sprechen über bäume und blumen
ich spreche über bäume: bäume bäume
ich spreche über blumen: blumen blumen
wir sprechen über bäume und blumen
sprechen wir
wir sprechen
sprachen wir
wir sprachen
werden wir sprechen
wir werden sprechen
haben wir gesprochen
wir haben noch nicht gesprochen
wir sprechen wir sprachen wir werden sprechen wir haben
noch nicht gesprochen
sprechen wir über sprechen
nein
sprechen wir sprachen
nein
sprechen wir über sprechen werden
nein
sprechen wir über gesprochen haben

Anhang

Nachbemerkung und editorische Notiz

I.

Band 1 der Werke Ernst Jandls in 6 Bänden enthält das frühe Werk des Autors. Dieses frühe Werk umfasst die drei Gedichtbände »Andere Augen«, »Laut und Luise« und »sprechblasen«. Dabei handelt es sich um drei Gedichtbände, die jeweils etwas Neues hervorgebracht haben. »Laut und Luise« nimmt dabei eine Sonderstellung ein. Dieser Band ist einer der unbestrittenen Meilensteine in der Poesie (der zweiten Hälfte) des 20. Jahrhunderts.

Zu schreiben begonnen hat Ernst Jandl 1952. Er erfüllte sich damit einen Wunsch, den er seit seinen Kindertagen kannte. Er versagte sich aber bis zu seinem siebenundzwanzigsten Lebensjahr weitgehend, diesem Schreibwunsch nachzugeben. Er hatte bis dahin einige Verse verfasst, aber ebenfalls früh, wenn auch lange nach seiner Kindheit, hatte er sich einen Plan zurechtgelegt. Eine wichtige Überlegung bestand darin, dass er erst eine Ausbildung durchlaufen und sich für einen Beruf qualifizieren und danach erst mit dem Schreiben von Gedichten ernst machen wollte. An diesen Plan hatte sich Ernst Jandl gehalten.

Die Idee, erst zu schreiben, wenn er einen Beruf hat, legte ihm ein wichtiges Vorbild in allen Fragen des Schreibens nahe. Seine Mutter hatte sich ihr Leben auf entfernte Weise nach einem ähnlichen Modell eingerichtet. Sie hatte eine Ausbildung zur Lehrerin durchlaufen und schrieb später Gedichte. Das war für Ernst Jandl eine einleuchtende Kombination beider Tätigkeiten.

Mitbedacht bei diesem Ablauf (erst eine Arbeit dann das Schreiben) hatte Ernst Jandl seine finanzielle Situation. Er musste Geld verdienen, also war es naheliegend, sich zu überlegen, mit welchem Beruf er das tun möchte. Er wollte wie die Mutter Lehrer werden. Dabei war viel mehr zu bewältigen als Beruf und Schreiben aufeinander abzustimmen. Als Erstes musste er den Krieg samt Kriegsgefangenschaft überleben, dann unter den schwierigen Nachkriegsverhältnissen in Wien studieren, dann ein Referendariat an einem Gymnasium (Mittelschule) durchlaufen und schließlich eine Anstellung finden. Nachdem ihm das alles gelungen war, befand er sich in der Situation, in die er sich über Jahre hinweg hineingewünscht hatte: Jetzt konnte er mit dem Schreiben beginnen. Und bis es so weit war und er eine Festanstellung als Lehrer gefunden hatte, schrieb er tatsächlich nicht – oder kaum.

Ernst Jandl begann also 1952 mit dem Schreiben, mit einem Schreiben, das er wiederum mit der Konsequenz betrieb, mit der er sich die für ihn passende Situation zum Schreiben in den Jahren zuvor erarbeitet hatte. Und als er auf diese unbedingte Weise zu schreiben begann, hatte er von der Niederschrift der ersten Texte an auch gewusst, was zum Schreiben ebenfalls dazugehört und es zum Abschluss bringt: Das Publizieren. Auch das hatte er bei seiner Mutter beobachten können. Sie schrieb ihre katholischen Gedichte und sorgte anschließend für deren Veröffentlichung. Dass Schreiben und Publizieren zueinander gehören, hatte er schon früh erfahren und als eine konsequente Verbindung verstanden. Auch darin war er seiner Mutter gefolgt.

Das Publizieren seiner Gedichte betrieb Ernst Jandl dann gleichfalls mit der ihm eigenen Konsequenz. Er suchte Kontakt zu Zeitschriften und Zeitungen und schloss sich vor allem der Zeitschrift »Neue Wege« näher an. Die Redaktion dieser Zeitschrift belieferte er regelmäßig mit neuen Texten und entwickelte eine kleine Buchführung, welche Texte er gesendet hatte und welche wieder an ihn zurückgegeben wurden und unpubliziert blieben. Auch hier war er weit entfernt von jedem genialisch anmutenden Umgang mit sich und mit seinen Arbeiten, und die Mehrzahl seiner Texte wurde von der Redaktion für gut befunden und in die jeweils aktuellen Hefte aufgenommen.

Ernst Jandl suchte an seinem Schreibbeginn auch Verbindungen zu anderen Autoren. Den Schriftsteller Andreas Okopenko lernte er früh kennen (in der Redaktion der Neuen Wege), er wurde zu einem Freund, ein Leben lang. Mit Hans Weigel traf er sich, und den ebenfalls an seinen ersten Texten arbeitenden H. C. Artmann lernte er auch in dieser Zeit kennen. Und die sich entwickelnden Freundschaften kamen Ernst Jandl wieder zugute. Die neuen Bekannten fragten ihn nach Texten für Anthologien, die sie herausgaben. Diese Einladungen nahm er gerne an.

Selber gab Ernst Jandl keine Anthologien heraus. Er war mit Unterrichten, Schreiben und Veröffentlichen ausgelastet. Vor allem an seinem Schreibtisch geschah in den Jahren 1952–1954 viel. Ihm gelang in dieser Zeit ein wichtiger Entwicklungsschritt. Er entdeckte für sich das Schreiben von Gedichten mit realistischem und in sozialen Zusammenhängen eingebundenem Material. Das Schreiben von Texten dieser Art entfernte ihn von den leicht symbolisch überhöhten Texten, die er bisher schreiben konnte, und löste gleich in den beiden ersten Jahren seines Autorenlebens einen regelrechten Produktionsschub aus. Beim Schreiben von Text zu Text getragen zu werden, sich angeregt und fähig zum Schreiben zu fühlen – diese Erfolgsgefühle kannte er noch nicht, und sie beflügelten ihn zusätzlich.

Im Jahr 1957 sollte er wieder eine solche Beschleunigung und rasante Intensivierung seines Schreibens erleben. Bis es aber soweit war, veränderte sich sein Leben stark. 1956 hatte er eine erste wichtige Etappe im Schreiben erreicht: Sein erstes Buch mit Gedichten erschien, der Band »Andere Augen«. Mit diesem Band wird der erste Band von Ernst Jandls Werken in 6 Bänden eröffnet.
Dem Band »Anderen Augen« war aber kein gutes Schicksal gegönnt. Er verschwand unbeachtet wieder, kaum dass er von Buchhändlern, Kritikern und Lesern wahrgenommen werden konnte. Ernst Jandl hatte in den Jahren nach 1956 den zutreffenden Eindruck, er sei noch immer ein Autor ohne eigenem Buch, obwohl er faktisch der Autor eines eigenen Gedichtbands war. Eine paradoxe, Ernst Jandls Schreiben belastende Situation.
Vor der unglücklich verlaufenden Zusammenarbeit mit dem Verlag von »Andere Augen« führte er eine andere starke Veränderung in seinem Leben herbei. Er ging eine Verbindung mit der Autorin Friederike Mayröcker ein, und er wollte, dass aus dieser Verbindung mehr als eine zeitlich befristeten Affaire würde. Das gelang ihm. Mit Friederike Mayröcker zusammen verbrachte er von da an sein weiteres Leben. Damit es so weit kommen konnte, mussten zwei Ehen (seine und die von Friederike Mayröcker) geschieden werden. Auch hier wieder bewirkte Ernst Jandl mit der ihm eigenen Konsequenz, dass es zu diesen beiden Scheidungen kam.
Die mit den Veränderungen im Privaten verbundenen Turbulenzen wirkten sich auf sein Schreiben aus. Die »realistische« Schreibphase war seit längerem verebbt. Porösere Texte entstanden. Die Texte wurden aber nochmals aufgebrochener, zerrissener – und: experimenteller. Ernst Jandl entwickelte mehr und mehr eine eigene Form von Gedichten. Er nannte sie später »sprechgedichte«, und diese »sprechgedichte« sollten ihn berühmt machen. Bis es aber so weit war, musste er sie erst schreiben. Das gelang ihm ab 1957 (dem glücklichsten Lebensjahr Ernst Jandls, von seiner Produktion aus betrachtet). Und nachdem er so weit auf neue Gebiete des Poetischen vorgedrungen war, war er weiter entfernt von Anerkennung, gar Ruhm, als je zuvor. Er musste zunächst gröbste Anfeindungen ertragen und sich gegen diese Anfeindungen zur Wehr setzen. Auch die Redaktion der Neuen Wege, bisher ein zuverlässiger Abnehmer seiner Texte, kündigte die Zusammenarbeit mit ihm auf. Wer Gedichte wie »ode auf N« oder »schtzgrmm« schrieb, hatte den Anspruch preisgegeben, als Autor ernst genommen zu werden. Das war die verbreitete Meinung damals. Und einige forderten sogar, Ernst Jandl möge als Lehrer entlassen werden. Schülern im Fach Deutsch könnte man einem Autor wie ihn nicht ausliefern …

Diese Kritik setzte Ernst Jandl zu, sie traf und verletzte ihn, obwohl er die Argumente gegen seine Text nicht für richtig hielt. Er war überzeugt von dem, was er schrieb, und er hätte ohnehin nichts anderes schreiben können als die Texte, die er ab 1957 zu schreiben begonnen hatte. Ein Problem aber beschäftigte ihn als Folge dieser harschen Kritik. Neue Texte zu publizieren – daran war erst einmal nicht zu denken, und von einem eigenen Buch konnte er nur träumen.

Fast zehn Jahre wird Ernst Jandl von nun an darauf warten und daran arbeiten müssen, bis er *sein* Buch in Händen halten wird. In den letzten Jahren in dieser lange sich für ihn hinziehenden Zeit hatte er Kontakt zu neuen, teilweise neu gegründeten Zeitschriften gefunden und einzelne Gedichte dort veröffentlichen können. Ein Ausgleich für die fehlende Buchpublikation war das nicht gewesen, außerdem schuf das Veröffentlichen an verschiedenen Stellen ein zusätzlich Problem für Ernst Jandl. Er verlor den Überblick, wo seine Texte überall an die Öffentlichkeit gelangt waren. Ein Ernst Jandl stark irritierender Vorgang.

In der Schweiz hatte Ernst Jandl Mitte der 1960er Jahre in Otto F. Walter endlich einen Verleger für seine Gedichte gefunden – zu seiner großen Erleichterung. Dem Band »Laut und Luise«, den Otto F. Walter schließlich publizieren wird, hat Ernst Jandl dann ein Leben lang als sein erstes richtiges (und deshalb wichtigstes) Buch angesehen.

Diesem Band ist die spezielle Situation anzumerken, in der sich Ernst Jandl befunden hat, als er noch kein eigenes Buch hatte und in der viele Texte entstanden waren. Er hat diesen Gedichtband als eine Art Werkschau organisiert. Die Käufer und Leser dieses Buchs sollten vom Reichtum seines Schreibens etwas mitbekommen. Über Material zum Auswählen verfügte er mittlerweile mehr als genug.

Wie er diesen Band anlegen wollte, überlegte sich Ernst Jandl genau. Verschiedene Ansätze probierte er aus. Schließlich entschied er sich dazu, Kapitel zu bilden. Die Kapitel versah er mit Titeln, und bereits die Titel der Kapitel sollten signalisieren, welche inhaltlichen und formalen Schwerpunkte er setzte. »mit musik«, lautet eine Überschrift, eine andere »volkes stimme« oder »krieg und so«. Gedichte wie »calypso«, das Motive aus der er Musik aufnimmt, oder »16 jahr«, ein Junge, der sich in der Nähe eines Bahnhofs aufhält oder das legendär gewordene »schtzgrmm« darin bildet er in Lautabfolgen eine Kriegssituation nach, ordnet er diesen Kapiteln zu. Auch erzählende Texte nimmt er in den »ersten« und einzigen Band (an mehr mag er zunächst gar nicht denken) auf, die »prosa aus der flüstergalerie« zum Beispiel, mit der er auf seinen einjährigen Englandaufenthalt als Lehrer am Anfang der 1950er Jahre reagierte. Und, besonders wichtig: dramatische Texte finden ebenfalls Eingang in diesen

Auswahlband wie »drei städte. ein theaterstück in zwei akten«. Diese und andere ähnliche Texte verweisen auf den szenischen Kern, den nicht nur diese Arbeiten sondern auch viele Gedichte besitzen.
Mit dieser Gliederung und der Benennung der einzelnen Kapitel gab Ernst Jandl seinen Texten einen Leitfaden zu ihrem Verständnis mit auf den Weg. Überflüssig war das nicht und didaktischen Überlegungen mochten dabei auch eine Rolle gespielt haben. Sie anzustellen war Ernst Jandl als Lehrer geübt. Eine andere Überlegung wird für Ernst Jandl von größerem Gewicht gewesen sein: Seine Gedichte waren zuvor zum Teil auf erbittertes Unverständnis gestoßen, und er hatte allen Grund, durch gut, aber nicht aufdringlich platzierte Hinweise Hilfestellungen für deren Lektüre zu geben.
Mit diesem durchdachten Auswahlverfahren befreite sich Ernst Jandl aber noch von einem Dilemma, in das er nach 1957 hineingeraten war. Er konnte nicht davon ausgehen, dass dem Band »Laut und Luise noch ein weiterer Band mit Gedichten von ihm folgen würde. Bisher hatten seine neuen Texte immer Bewunderer gefunden aber auch vehemente Kritiker, und die Kritiker hatten »institutionell« bisher stets das letzte Wort. Sie und nicht seine Bewunderer entscheiden, ob weitere Texte des Autors eine Chance eingeräumt bekommen, in die Öffentlichkeit zu gelangen und in der Regel entschieden sie sich dagegen. Ernst Jandls Konsequenz daraus: Er wollte möglichst viele Facetten seines Schaffens zeigen.
Das Erscheinen von »Laut und Luise« ist für Ernst Jandls Entwicklung als Autor nicht zu überschätzen. Er hatte endlich sein Buch und durfte sich auch nach seinen Vorstellungen (ein Dichter ist erst ein Dichter, wenn er ein Buch vorweisen kann) einen Autor nennen. Und die Publikation von »Laut und Luise« eröffnete Ernst Jandl eine zum Zeitpunkt des Erscheinens nicht unabsehbare Perspektive: Mit diesem Anfang war ein weiterer Anfang gemacht. Ernst Jandl hatte in Otto F. Walter einen Verleger gefunden, und er konnte damit beginnen, das große Reservoir an Gedichten langsam abzubauen.
Dieser Verleger stand an der Seite Ernst Jandls, als es wegen »Laut und Luise« im Walter Verlag zum Krach kam. Otto F. Walter verließ zusammen mit Ernst Jandl den Walter Verlag und begann neu bei Luchterhand. Als Luchterhand-Verleger schrieb er Ernst Jandl 1967 einen Brief und fragte ihn, ob er ein neues Manuskript zusammenstellen und ihm zur Veröffentlichung überantworten wolle.
Einen Brief mit einer derartigen Einladung hatte Ernst Jandl bis dahin noch nie erhalten. Er musste nicht lange darüber nachdenken, wie er auf diese Anfrage reagieren sollte. Er sagte zu und machte sich an die Arbeit.

Nach »Laut und Luise« war er nun freier in seinen Überlegungen, wie ein neues Buch von ihm beschaffen sein könnte. Er stellte den Gedichtband »sprechblasen« zusammen; die Texte wurden fortlaufend aneinander gereiht. In Kapitel wollte er sein Manuskript dieses Mal nicht einteilen.

II.

Der Abdruck der Gedichtbände »Andere Augen«, »Laut und Luise« und »sprechblasen« folgt ihrem Erstdruck. Orthographie und Schriftbild blieben erhalten; sie haben unverändert Eingang in diesen Band der Werkausgabe gefunden.
Im Einzelnen bedeutet das: Die Gedichte im Gedichtband »Andere Augen« folgten den damals gültigen Konventionen der Groß- und Kleinschreibung. Diese Schreibweise blieb unangetastet, sie gehört zu dem speziellen Charakter von Jandls Debüt. Ab dem zweiten Gedichtband »Laut und Luise« hat Ernst Jandl diese Schreibweise aufgegeben. Er setzt sich aus ästhetischen Erwägungen heraus über die Orthographienormen seiner Zeit hinweg und bedient sich grundsätzlich der Kleinschreibung. Darin folgt diese Werkausgabe selbstverständlich ebenfalls Ernst Jandls Vorgaben.
Diese Werkausgabe übernimmt Ernst Jandls Umgang mit groß- und kleingeschriebenen Buchstaben auch in anderen Fällen, in denen Ernst Jandl scheinbar gegen seine eigenen Grundsätze verstößt. Er hatte sich eigene Regeln geschaffen – die bereits in der Schreibung des Titels von »Laut und Luise« greifen. Hier verwendet er zwei Großbuchstaben, und der ausschlaggebende Grund für diese Entscheidung wird Jandls Widerwille gewesen sein, den Vornamen seiner Mutter (»Luise«) kleinzuschreiben. Ihre Bedeutung ist für ihn so groß, dass er an dieser prominenten Stelle seines Werkes, an der er dieser Frau ein Denkmal errichtete, sich gegen die Verwendung von Kleinbuchstaben entschieden hat. Etwas zugespitzt formuliert: Durch die Verwendung eines großgeschriebenen »Ls« soll die Mutter in ihrer Bedeutung für ihn nicht herabgemindert werden.
Ernst Jandl verwendet Großbuchstaben aber auch in anderen Zusammenhängen – beispielsweise um Betonungen präziser zu akzentuieren, wie im Gedicht »auf dem land« etwa. Oder er wollte Unterschiede in Texten, die sich nur durch kleine Varianten voneinander unterscheiden, hervorheben wie in »sieben kleine geschichten« beispielsweise – hier besonders möchte er auf den Wechsel des Personals aufmerksam machen, usw. Unverändert reproduziert wurden auch die von Ernst Jandl in Schreib-

maschinenschrift abgefassten Texte; den Ausschlag dafür gaben graphische Überlegungen. Bei einem Text mit dem Titel »der und die« muss die exakte Laufbreite der Buchstaben eingehalten werden, damit sich die gewünschten Symmetrien einstellen und streng den ganzen Text über aufrechterhalten bleiben. Diese Symmetrien sind mit den Typen von Ernst Jandls Schreibmaschine vorbildlich hergestellt worden, deswegen wurden die Manuskripte des Autors reproduziert, und diese Reproduktionen neben die neu gesetzten Texte gestellt.

Ein besonderes Augenmerk galt dem Stand der Texte auf den einzelnen Buchseiten. Dies stellte die Arbeit an diesem Band vor eine besondere Herausforderung. In der Regel wird der Titel jedes Textes am Satzspiegelrand oben angeschlagen, dem folgen zwei Blindzeilen und darauf setzt der Text ein. Gedichte ohne Titel beginnen auf der Höhe der ersten Zeile der Texte mit Titel, und wenn ein Text länger als eine Seite ist, beginnt der auf der nächsten Seite umlaufende Text an der oberen Satzspiegelkante.

Nach diesen Verteilungsprinzipien wurden in der großen Mehrheit der Fälle die Texte auf den jeweiligen Buchseiten angeordnet – im Prinzip. Von diesen Anordnungsprinzipien der Texte auf den Seiten weicht in diesem Band der Werkausgabe die Wiedergabe einer Reihe von Texten in »Laut und Luise« und zum Teil auch in »sprechblasen« ab. Diese beiden Bände sind in ihren jeweiligen Erstausgaben nach anderen typographischen Überlegungen organisiert worden – und der Abdruck der Texte hier folgt den früheren typographischen Entscheidungen und Design-Vorstellungen, die aus den 1960er Jahren stammen. Auch wenn diese Übernahme des Satzbildes mit den Anordnungen der Texte in anderen Teilen des ersten Bands der Werkausgabe und der Ausgabe der Werke in 6 Bänden insgesamt kollidiert, sollte es dadurch zu keinen Missverständnissen bei der Lektüre der Texte kommen. Die optische Präsenz der Texte in »Laut und Luise« ist wiederum konsequent organisiert, und zudem hat diese eigene optische Präsenz seit dem Erscheinen der Erstausgabe und dem wiederholten Nachdruck dieser Erstausgabe eine eigene Autorität, und erscheint auch aus diesem Grund erhaltenswert. Außerdem hat der weitgehend unveränderte Nachdruck der Erstausgabe den Vorteil, daß einer der großen Gedichtbände des späten 20. Jahrhunderts auch in seiner typographischen Ausrichtung ungestört nachvollzogen werden kann.

Die Texte besitzen aber nicht nur in ihrer Optik eine eigene Integrität, auch in der Abfolge der Gedichte und in sich dabei einstellenden Aufeinanderfolgen von linken und rechten Seiten ist auf die Integrität der einzelnen Texte (deren Wahrnehmbarkeit) zu achten gewesen.

Daraus ergab sich aufgrund der niedrigeren Satzspiegelhöhe der Seiten dieser Ausgabe im Vergleich zu den Erstausgaben eine spezielle Herausforderung. Das Ziel war es, über möglichst lange Passagen die Links-Rechtsverhältnisse der Erstausgabe aufrechtzuerhalten oder zu ihnen zurückzugelangen.

Dies war allerdings aufgrund der Länge der Texte nicht in allen Fällen möglich. Bei Abweichungen ging es darum, rasch eine neue optische Balance der Texte auf den jeweils gegenüber liegenden Seiten zu finden. Beeinträchtigung in der Wahrnehmung der Texte sollten so gering wie möglich gehalten werden.

Auch in der Abteilung »verstreute gedichte« ist bei umlaufenden Texten gelegentlich von den Anordnungsprinzipien der Texte in dieser Ausgabe abgewichen worden. In dieser Abteilung erschien es gelegentlich ebenfalls sinnvoll, Ausnahmen zu machen – bei (von ihrem Aufbau her betrachtet) radikaleren Texten. Deren optischer Zusammenhalt sollte auf gegenüberliegenden Seiten erhalten werden. Eine Balance zwischen linker und rechter Seite herzustellen war bei diesen Texten wichtiger, als die Verteilung der Texte auf den Seiten in allen Fällen konsequent durchzusetzen.

III.

Am Schluss des Bandes stehen die beiden Abteilungen der verstreut publizierten Gedichte und der bisher unveröffentlichten Texte mit dem Titel »aus ordnern und mappen«.

Die Herkunft der einzeln publizierten Texte geht aus den Nachweisen im Anhang am Schluss des Bandes hervor. Bei den Texten in der Abteilung »aus ordnern und mappen« wird zum ersten Mal der Versuch unternommen, einen Einblick in einen noch unerschlossenen Teil von Ernst Jandls Schreiben zu geben: sein unpubliziertes, parallel zu den publizierten Texten entstandenes Werk. Es handelt sich dabei ausnahmslos um Texte, die sich im Nachlass des Autors befinden.

Bei der Auswahl der Texte des Autors wurde darauf geachtet, nur solche Arbeiten herauszusuchen, die sich selber in hinreichendem Maße erläutern. Der Abdruck von Texten, denen Anmerkungen hätten hinzugefügt werden müssen, damit sie in ihrer Eigenart und in ihrer Stellung zum Gesamtwerk und zu einzelnen Schreibphasen zu verstehen gewesen wären, wurden nicht in die engere Wahl mit einbezogen. Die weiter ins Detail gehende Beschäftigung mit diesem Teil des unveröffentlichten Werks von Ernst Jandl steht aus. Die Arbeit daran und die Veröffentlichung dieser Texte samt ihren Kommentaren müsste u. a. Teil einer Kritischen Ausgabe der Werke des Autors sein.

Einige der unveröffentlichten Texte sind in Konvoluten mit der Aufschrift »noch zu bearbeiten«, »Material« etc. enthalten. Diese Beschriftungen lassen Rückschlüsse zu, welches Verhältnis Ernst Jandl zu diesen Texten hatte. Er hat diese Texte nicht verworfen, er maß ihnen einen literarischen Wert, der ihn bewog, diese Texte aufzuheben. Einerseits. Andererseits ist dieser Beschriftung der Textmappen auch zu entnehmen, dass ihn das Ergebnis seines Schreibens noch nicht vollkommen zufriedengestellt hatte. Allerdings, und auch dieses Signal senden diese Beschriftungen aus, hielt er diese Unzufriedenheitsempfindungen gegenüber diesen Texten für behebbar – und dabei ist noch nicht einmal gesagt, wie umfangreich er die Korrekturen einschätzte. Wiederum mindestens zweierlei folgt daraus: Ernst Jandl könnte durch Bearbeiten einen Text akzeptieren lernen. Er könnte aber auch bei der Wiederbegegnung mit einem Text, diesen Text ohne weitere Bearbeitung für gut befinden und seine frühere Einschätzung relativieren und zurücknehmen. Das bedeutet: Er gewährt sich den Spielraum, auch sein Verhältnis zu einem seiner Texte einer Revision zu unterziehen.

Solche Veränderungen in der Haltung zu Gedichten hat es bei Ernst Jandl nachweisbar gegeben. Vor allem bei den späten Gedichtbänden hat er bei Auswahl und Zusammenstellung gelegentlich auf Texte aus früheren Schreibphasen zurückgegriffen. In seinen letzten Lebensjahren lagen einige dieser Texte sogar in direkter Griffnähe seines Schreibtischs – manchmal waren sie nur notdürftig in Papiermappen abgelegt worden …

Das macht die Lektüre von Ernst Jandls Texten in der Abteilung »aus ordnern und mappen« zu einer doppelten Herausforderung: Man lernt etwas von Ernst Jandls verborgenem Werk kennen und man darf sich aufgefordert fühlen, den literarischen Rang jedes Textes selber zu bestimmen (könnte die Arbeit an dem Text vielleicht schon abgeschlossen sein?) und ihm einen Platz in den Schreibprozessen des Autors zuzuweisen.

Die Zeitspanne der Texte in den beiden Abteilungen der »verstreuten gedichte« und »aus ordnern und mappen«, ergab sich aus dem Entstehungszeitraum der Texte, die in Ernst Jandls Gedichtbänden enthalten sind. Auf diese Weise kann ein weitaus vollständigeres Bild vom Schreiben des Autors in dieser Zeit entworfen werden.

In beiden Abteilungen wurden die Texte chronologisch nach dem Datum ihrer Entstehung geordnet – soweit dies möglich war. Bei vielen Texten sind die Entstehungsdaten bekannt und/ oder ließen sich rekonstruieren.

In einigen Fällen führten Recherchen aber zu keinem Ergebnis. Ernst Jandl, der fast durchgehend seine Texte mit Entstehungsdaten versah (bei vielen Texten darf das sogar als Signal gewertet werden, dass der Text sich der Fertigstellung bemerkbar annäherte oder die Arbeit daran von Ernst Jandl tatsächlich als abgeschlossen angesehen wurde oder zumindest das Stadium einer akzeptablen ersten Fassung erreicht hatte) –, einige Texte hat er mit keinen Datierungen versehen. In diesen Fällen wurde anhand von Indizien (inhaltliche Parallelen zu anderen Texten, Parallelen im Duktus etc., auch der Zuordnung der Texte zu bestimmten vage datierten Manuskriptkonvoluten (»Texte der 50er Jahre«, »späte 60er Jahre«, »60er Jahre«, »1950er Jahre bis Anfang 1970er« etc.)) eine Datierung vorgenommen und die Texte in die Chronologie eingefügt. Die Datierungen, die auf diesem Weg gewonnen wurden, sind in der Regel grob ausgefallen. Auch hier ist eine weitere intensive Beschäftigung mit Ernst Jandls unveröffentlichtem Werk notwendig, um in einzelnen Fällen zu genaueren Einschätzungen zu kommen. Damit diese Datierungen als erschlossene Datierungen zu erkennen sind und nicht mit Entstehungsdaten der Texte Ernst Jandls, die als gesichert zu betrachten sind, verwechselt werden, wurden diese Datierungen kursiv gesetzt und mit einer Unterstreichung zusätzlich markiert.

Texte, deren Datierung noch grober und spekulativer ausgefallen wären, wurden ohne weitere Angaben einer Entstehungszeit in die Abfolge der Texte aufgenommen.

Sämtliche Datierungen befinden sich im Inhaltsverzeichnis – unabhängig davon, ob einige in früheren Ausgaben den Gedichten zugeordnet waren oder nicht.

Ausgenommen sind davon Datierungen, die unlösbarer Bestandteil eines Textes sind.

Die Texte »aus ordnern und mappen« wurden in der Schrift des Anmerkungsteils gesetzt. Durch die Verwendung dieser Typographie sollen sich diese Texte von den Texten des veröffentlichten Werks unterscheiden. Dazu gehört, dass die Titel linksbündig gesetzt und nicht zentriert wurden usw.

Die ersten beiden Texte in »aus ordnern und mappen 1« besitzen durch ihre frühe Entstehung und ihre Publikation als Faksimiles einen eigenen Rang. Sie sind in Groß- und Kleinschreibung wiedergegeben, alle anderen Texte in Kleinschreibung, in der die überwiegende Mehrheit der Texte von Ernst Jandl geschrieben und in die Gedichtbände aufgenommen worden waren.

IV.

In dieser Ausgabe der Werke Ernst Jandls wurde mit lebenden Kolumnentiteln gearbeitet. Sie sind als Lese- und Orientierungshilfe gedacht. Die lebenden Kolumnentitel sind nach folgenden Überlegungen eingerichtet worden. Als erstes wird der Titel des Gedichtbands oder der Abteilung (»Laut und Luise« oder »verstreute gedichte« zum Beispiel) und der Band innerhalb der Werkausgabe (»werke 1, 2, …«) genannt. Diese Angaben finden sich bei Texten, die den Umfang von einer Seite nicht überschreiten. Ist ein Text länger als eine Seite, wird der Titel des Gedichtbands, in dem der Text enthalten ist, und ab der zweiten Seite des Textes auch der Titel des Textes genannt. Bei Kapiteln mit eigenen Titeln und bei Zyklen wird der Titel des Kapitels oder des Zyklus und der Titel des Gedichtbands aufgeführt. Bei Texten wiederum, die innerhalb dieser Kapitel oder Zyklen den Umfang von einer Seite überschreiten, ist ab der zweiten Seite der Titel des Gedichts und der Titel des Kapitels oder Zyklus am Fuß der Seite zu finden.
Ausnahmen bilden Texte mit einem starken graphischen Element oder Texte, die die leere Seite als Raum zur Entfaltung benötigen und diesen Raum als formgebendes Element benutzen. Bei diesen Texten bleibt der Raum unberührt und wird nicht durch einen Kolumnentitel mit einem strukturierenden Element belastet.

Klaus Siblewski

Nachweise und Anmerkungen

In der Regel beziehen sich die Quellenangaben – sie sind hier in der Reihenfolge erfaßt, in der die Texte in dieser Ausgabe abgedruckt sind – auf die Erstveröffentlichungen.
Ergänzt werden die bibliographischen Angaben durch kurze Hinweise auf den Kontext, in dem die einzelnen Veröffentlichungen stehen. Textabweichungen von den Erstdrucken sind nach Art und Umfang vermerkt.

Gedichte

Andere Augen, Gedichte, Wien: Bergland Verlag 1956 (= Neue Dichtung aus Österreich, Band 21, hg. Rudolf Felmayer). – Die Datierungen wurden der Teilveröffentlichung von 29 Gedichten in Ernst Jandls Band »für alle«, Darmstadt und Neuwied 1974, und der Veröffentlichung sämtlicher Gedichte in Ernst Jandl, »Gesammelte Werke 1–3«, Darmstadt und Neuwied 1985, übernommen. In beiden Ausgaben wurden sie nach den Aufzeichnungen des Autors erstmals angefügt.

Laut und Luise, Olten und Freiburg i. Br. 1966, (= Walter Drucke 12). – Die Entstehungsdaten wurden von Ernst Jandls »Gesammelten Werke 1–3«, Darmstadt und Neuwied 1985, übernommen. Helmut Heißenbüttels Nachwort, geschrieben für die Ausgabe von »Laut und Luise« im Walter Verlag, wurde in die vorliegende Ausgabe nicht übergenommen.

sprechblasen, Neuwied und Berlin 1968. – Die Entstehungsdaten wurden von der Reclam-Ausgabe der »sprechblasen« (Stuttgart 1979) übernommen.

verstreute gedichte 1952–1965

Die folgenden Gedichte wurden in der Abteilung »verstreute gedichte« in dem Band Ernst Jandl »für alle«, Darmstadt und Neuwied 1974, erstmals publiziert: *und weinte bitterlich; polyphem; montage; kleines konzert; metz; thermopylen; eines knechtes; holomek; leben; abschied; der rausch; autobus nach rust; still; 3 aphorismen; der schweizergardist; perlfang; zertretener mann blues; erstarrt gegenüber; bruder; Iisten; hans der geiger; aspang, n. ö.; das hundelvieh; bei tag; schulschwül.*

Die Mehrzahl der Gedichte darüber hinaus wurden erstmals in der Abteilung »verstreute gedichte« in Ernst Jandls »Gesammelte Werke 1–3«, Darmstadt und Neuwied 1985, publiziert, bzw., soweit zu ermitteln war, in folgenden Zeitungen, Zeitschriften und Sammelwerken erstveröffentlicht, soweit dies zu recherchieren war. Einige publizierte Gedichte sind seither entdeckt, in diese Ausgabe aufgenommen und ihre Fundstellen hier ebenfalls ausgewiesen worden:

dein abend, in: Neue Wege, 1952, H. 76, S. 690.
epitaph, in: Neue Wege, 1953, H. 78, S. 26.
zwei balken hat das eine joch, in: Neue Wege, 1952, H. 74, S. 623 (Dieser Text entstand bereits 20./21.10.51. In der Manuskriptfassung trägt er den Titel »Aequilibrium«.)
das oft schwer vorstellbare, in: Neue Wege, 1952, H. 78, S. 26.
dreihundert, in: Neue Wege, 1952, H. 78, S. 15.
sieben semmeln, in: Kontakt mit der Zeit. Texte mit deutschen Wörtern, hg. Dieter Stöpfgeshoff, Stockholm: Sveriges Radio Förlag 1976, S. 33.
der fluß trägt seine rede, in: Stimmen der Gegenwart, hg. Hans Weigel, Wien 1953.
abendandacht, in: Neue Wege, 1953, H. 88, S. 11.
wanderblumen, in: Neue Wege, 1953, H. 89, S. 14.
barometer, in: Neue Wege, 1956, H. 110, S. 37.
vor neuen gästen, in: Neue Wege, 1954, H. 94, S. 10.
der tote punkt, in: Neue Wege, 1954, H. 95, S. 14.
unhaltbare tageszeit, in: Neue Wege, 1954, H. 95, S. 14.
zehn jahre ..., in: Besinnung, Nr. 6, 1955/56, S. 28/29.
trost in wolken, in: Neue Wege, 1956, H. 115, S. 17.
schein der gesundheit, in: Neue Wege, 1956, H. 116, S. 9.
figuren, plötzlich entdeckt, in: Neue Wege, 1957, H. 120, S. 30.
glas; baum; hand; stein; bach (davon: *hand* bisher unveröffentlicht), in *Zyklen Beispielsweise*, hg. V.O. Stomps, Stierstadt im Taunus: Verlag Eremiten-Presse 1957, S. Ö2. – Aufgrund der Themenstellung dieser Anthologie wurden die vier Gedichte unter den Titel *Tetraeder* gestellt. Die Anthologie ist nach den Herkunftsländern der Autoren geordnet Ö=Österreich.
nacht, in: Tintenfisch, 1976, H. 9, S. 80.
ungarn ehren, enthalten in *vorrede zu deutsches gedicht*, protokolle 1973, H. 2, S. 74.
strickleiter, in: poetarium, 1965, H. 4/5, Faltblatt.
englische gedichte 1–5, in: *mai hart lieb zapfen eibe hold*, hg. Bob Cobbing, London: o.V. 1965 (= Writers Forum Poets 11) o.S.; das Gedicht

stilton cheese ist in *Laut und Luise* übernommen worden. Um den Gesamteindruck zu wahren, ist der Zyklus hier vollständig abgedruckt.
gemeinschaftsarbeit (gemeinsam mit Friederike Mayröcker), in: protokolle, 1977, H. 2, S. 274–275. – Dieses Gedicht ist dort einer Serie von Arbeiten der beiden Autoren über ihre Beschäftigung mit Hörspielen vorangestellt; vgl. *Texte zum Hörspiel*.
ein schulmädchen, in: *Das Einhorn sprach zum Zweihorn*, Köln: Gertraud Middelhauve Verlag 1974, S. 58; auch Ernst Jandl, *falamaleikum*, mit Bildern von Jürgen Spohn, Darmstadt und Neuwied: Luchterhand Verlag 1973, S. 48 (= Sammlung Luchterhand 488).
ausgang, in: *Das Einhorn sprach zum Zweihorn*, S. 58.
entstehung der orangen, in: *Das Einhorn sprach zum Zweihorn*, S. 31.
ins theater, in: Ernst Jandl, *für alle*, S. 167–168. – Dieses Gedicht ist dort der Abteilung mit Theaterstücken vorangestellt.
das hundelvieh, in gekürzter Version auch: Ernst Jandl, *falamaleikum*, S . 46–47.
körperfragen, in: *Grenzverschiebungen*. Neue Tendenzen in der deutschen Literatur der 60er Jahre, hg. Renate Matthaei, Köln: Kiepenheuer & Witsch Verlag 1970, S. 212.
vergelts, in: die sonde, 1964, H. 3/4, S. 94.

aus ordnern und mappen 1

Sämtliche Texte in dieser Abteilung werden zum ersten Mal in dieser Ausgabe publiziert. Sie entstammen dem Nachlaß Ernst Jandls am Literaturarchiv der Österreichischen Nationalbibliothek, Wien (Sign. ÖLA 139/99) – Mit Ausnahme von: »Vor der Entscheidung« und »ohne Titel« sind dem Band entnommen: Klaus Siblewski, »a komma punkt«, München 2000, S. 49 und S. 53. – Und: Zu den LYRISCHEN MONTAGEN 1963 gehörte als Text Nr. 7 »fallen sollte«. Dieser Text ist mit dem Titel »hernach unter« in: »verstreute gedichte 1952–1963« abgedruckt.

Inhaltsverzeichnis

Andere Augen

7 Immer wieder (7.5.52)
8 Straßenbau (14.6.52)
9 Untergrundbahn oben (Ende 52)
10 Der Knabe und die Straßenbahn (4.52)
11 Aussichtsloses Gesuch (7.7.54)
12 Stilleben (29.1.54)
13 Das Ohr (4.2.54)
14 Dreiblättriger Klee (8.54)
15 Einmal ist die Freude (11.10.54)
16 Während wir warteten (7.3.54)
17 Kärntnerstraße (24.9.53)
18 Frau im Fenster (28.6.55)
19 Unter anderen (24.6.54)
20 Eine Aschantinuß für dich (30.11.54)
22 Angelegenheit (17.10.54)
23 Vier Versuche zu definieren (Sommer 54)
24 Notizen (14.2.53)
26 Hochzeitslied (4.2.54)
28 Belvedere (6.7.54)
29 Februar (26.2.55)
30 Junge Zweige, auf dem Weg verstreut (4.52)
31 Herbstlaub am Rand des Frühlings (Anf. 4.54)
32 An diesen sonnigen Tagen (7.5.52)
33 Sommer (10.7.52)
34 Wildes Wiesenstück (21.7.55)
35 Der kleine Garten (23.–26.5.53)
37 Nach dem Schnitt (28.7.52)
38 Von alten Bergen (25.6.52)
39 Reisebericht (Herbst 52)
40 Schottisch (11.–13.6.53)
41 Bergkrähen (1.6.54)
42 Herbst (20.9.53)
43 Oktobernacht (7.10.54)
44 Elegie (27.6.54)
45 Einlaß zu finden (6.10.54)
46 Herz (12.10.54)

47 Zeichen (Frühjahr, Herbst 53)
48 November (8.11.53)
49 Wenn ihr nachts (27.6.54)
50 Ikarus (16.8.54)
51 Der große Fahrplan (2.7.52)
52 Andere Augen (21.6.52)
53 Vom Reisen und vom Zuhausebleiben (27.1.54)
55 Schale und Kern (21.6.52)
56 Ausgleich (17.6.52)
57 Hundegespann (22.6.53)
58 Wer fragt schon (18.8.55)
59 Vom Gehen, Messen und Greifen (11.5.52)
60 Etwas bleibt offen (7.53)
61 Pharmakologisch (6.52)
62 Sturz vor Zeugen (3.7.54)
63 Wie man Freunde gewinnt (24.6.54)
65 Die Hand ins Feuer legen (29.7.55)
66 Vierfüßer (23.5.52)
67 Das Lachen (19.6.52)
68 Donnerstag (18.5.52)
71 Züge der Zeit (19.6.52)
72 Sich zu erinnern (4.4.54)
73 Im Schlaf (16.6.52)
74 Der Offiziersbewerber (16.5.54)
75 Zehn-Jahre-Pamphlet (14.8.55)
77 Rüstige Männer (29.12.54)
79 Der heilige Franz von Assisi (4.7.52)
81 Neo-Konservativ (28.10.54)
82 Das Tor (19.4.54)

Laut und Luise

1 mit musik

89 blüh (16.3.57)
90 chanson (14.4.57)
92 andantino (7.4.56)
93 ohren im konzert (7.4.56)
94 pi (6.57)

95 canzone (6.57)
96 etüde in f (6.57)
98 calypso (2.11.57)
99 weltgebräuche (3.63)

2 volkes stimme

103 die mutter und das kind (57)
104 die tassen (6.57)
106 16 jahr (12.5.57)
107 bäää (19.4.57)
108 doixannda (2.5.57)
110 doodngroowaaaaaaaaaa (21.4.57)
111 doode (21.4.57)
112 tohuwabohu (6.57)
116 koots (17.4.57)
117 talk (18.4.57)

3 krieg und so

121 ode auf N (13.3.57)
124 treidelweg (15.2.57)
125 wie fast (4.3.56)
126 wien: heldenplatz (4.6.62)
127 schtzngrmm (19.4.57)
128 hauuuuuuuuuuuuuuuuuuuu (19.4.57)
129 onkel toms hütte (6.57)
130 fragment (57)
131 feuer (3.3.57)
132 die tränen (57)
133 falamaleikum (14.7.58)

4 doppelchor

137 erschaffung der eva (15., 16.9.57)
138 doppelchor (6.5.56)
139 sieben kleine geschichten (10.2.58)
140 flichtinge begegnung (57)

141 dER RITTER (15.3.57)
142 so
143 du warst zu mir ein gutes mädchen

5 autors stimme

147 jeeeeeeeeeeeeeeeeeeeeeeeeeeee (29.5.57)
148 s————c—————h (58)
149 blammmmm (19.4.57)
150 glllllllllllllli (29.5.57)
151 i (29.5.57)
152 leeeeeeeeee (58)
153 rrreeeeeeeeee (58)
154 mein (58)

6 kleine erdkunde

157 amsterdam (4.56)
158 niagaaaaaaaaaaaaaaaa (57)
159 bericht über malmö (57)
163 prosa aus der flüstergalerie (3.56)
170 drei städte
ein theaterstück in zwei akten
und einem nachspiel (7.3.58)

7 kuren

175 stilton cheese (17.4.57)
176 boooooooooooooooooooooooo (19.4.57)
177 wasser (26.2.57)
179 einganzeslavoireinganzesla (15.4.57)
180 bitteschneu (20.4.57)
182 drei visuelle lippengedichte (57)

8 der blitz (10.4.57)

9 jahreszeiten

197 springbrunnen (9.4.56)
198 der atlas (15.3.57)
199 in weißem hemd (30.3.57)
200 mineralien (30.3.57)
201 im (17.3.57)
202 des vaters (30.3.57)
203 ein schneebild (4.62)
204 treiben (20.3.57)
205 dezem (15.12.57)

10 zehn abend-gedichte (28.3.57)

209 eos
210 das stürmische doch
211 ein reh
212 nie hab ich
213 fort
214 zu dir
215 du
216 sinkt
217 der ärmste
218 sanft und klar

11 bestiarium

221 eulen
222 ernst jandls weihnachtslied (13.12.59)
223 auf dem land (13.2.63)
224 viel (22.4.57)
226 die klinke des pinguins (7.57)
232 unendlich (4.3.56)
233 bestiarium (2.57)

12 epigramme

241 wo bleibb da (19.4.57)
242 risch (3.9.57)
243 tee : ein stück (23.9.57)
244 BESSEMERBIRNEN
245 wieder ein reuter
246 epigramm (29.5.57)
247 der vater (57)
248 la zeechn u bapp (18.4.57)
249 verscheuchung zweier farben (12.5.57)
250 runzte ber (6.57)
251 schnu (11.2.58)
252 zweierlei handzeichen (12.9.58)
253 lichtung
254 psssnt (57)
255 fotografie a. ok. (13.11.58)
256 japanische wunderblume (25.11.61)
257 minz den gaawn (18.4.57)

13 klare gerührt (24.–28.3.57)
(zusammengestellt: juli 1963)

sprechblasen

281 vorwort (63)
285 nur nur
286 schwör (7.3.64)
287 schwere steine (7.3.64)
288 banner und grauen (8.10.64)
289 markierung (29.10.66)
290 perfektion (15.2.64)
291 das große e (8.63)
294 stunden (30.8.64)
295 vier variationen (18.11.63)
298 martyrium petri (26.2.57)
299 kreuz (57)
300 lateinisches gedicht (18.3.57)

302 bethlehem
303 zur erinnerung (15. 12. 57)
304 reihe (29. 9. 64)
305 erfolg beim dritten versuch (23. 9. 63)
306 2 briefe (4. 2. 57)
307 redensart (8. 63)
308 naturgedicht
309 spruch mit kurzem o (64)
310 lauter (24. 10. 63)
311 hörprobe (3. 64)
312 c----------h (5. 12. 64)
313 sehnsucht (5. 12. 64)
314 der bettler (29. 5. 57)
315 da busch (18. 4. 57)
316 restaurant (5. 12. 64)
317 im reich der toten (6. 12. 64)
318 porträt eines mädchens (65)
319 amt mit schwalben (6. 12. 64)
320 kneiernzuck (6. 9. 65)
323 darstellung einer beerdigung (4. 7. 64)
325 feilchen vür efa (64)
326 oberflächenübersetzung (2. 11. 57–…)
327 steinbock (16. 3. 57)
328 hünpisch (2. 67)
329 a love-story, dringend (16. 5. 64)
330 der und die (29. 12. 63)
331 zwei bräute: ein deutsches denkmal (23. 4. 66)
332 egmont : ein stück (25. 4. 57)
338 kommen sie mit mühe (7. 3. 64)
339 loch (7. 3. 64)
340 buchstabierdialog (14. 1. 64)
341 buchstabiermonolog (14. 1. 64)
342 gespräch (28. 2. 56)
343 sie (4. 1. 66)
344 alphabet (27. 7. 63)
345 zwanzig klavierstücke (6. 10. 64)
346 24-tägiger juni (15. 9. 57)
347 beantwortung von sieben
nicht gestellten fragen (10. 63)
348 flamingo (2. 10. 63)
349 harte vögel (64)

350 schmerz durch reibung (64)
351 die zeit vergeht (64)
352 arie (21.6.64)
353 gesten: ein spiel (5.6.64)
356 wanderung (12.3.64)
357 modell einer einfachen strophe (28.4.57–8.7.67)
364 sommer (27.10.63)
365 henne (27.10.63)
366 sonnenuhr (26.9.65)
367 names (11.64)
368 leben eines q-hirten (31.7.64)
369 reise (64)
370 film (25.1.64)
371 eoö (16.1.64) dein abend (52)

verstreute gedichte 1952-1965

375 dein abend (52)
376 epitaph (25.5.52)
377 zwei balken hat das eine joch
378 das oft schwer vorstellbare
379 dreihundert
380 immer dreht der sommer (12.4.53)
381 die tür bleibt offen (6.52)
383 nachbarschaft (1. halbjahr 53)
384 zeichen der fruchtlosigkeit (21.6.53)
385 unter den nestern die (7.53)
386 sieben semmeln (17.7.53)
387 in untermiete (27.11.53)
388 der fluß trägt seine rede
390 abendandacht
392 wanderblumen
393 barometer (54)
394 motorrad abends (19.2.54)
395 nach dem essen (17.6.54)
396 durchwühlte truhe (9.54)
397 in einer weise sentimental (8.12.54)
398 vor neuen gästen
399 der tote punkt
400 unhaltbare tageszeit

401 alfons
402 zehn jahre …
404 und weinte bitterlich (4.3.56)
405 trost in wolken (9.7.56)
406 schein der gesundheit (13.7.56)
407 figuren, plötzlich entdeckt (14.7.56)
408 zwei anstecknadeln (17.8.56)
409 ins gästebuch (21.8.56)
410 glas (21.7.56)
411 baum (21.7.56)
412 hand (1.11.56)
413 bach (2.12.56)
414 stein (3.12.56)
415 nacht (7.12.56)
416 straßentheater (21.12.56)
417 polyphem (25.12.56)
418 kleine winterliche party (28.1.57)
419 montage (2.2.57)
420 kleines konzert (2.2.57)
421 metz (2.57)
422 thermopylen (5.2.57)
423 bobrowka (15.2.57)
424 tibull (nach mörike) (57)
425 ungarn ehren (18.2.57)
426 der klausner (20.2.57)
427 eines knechtes (20.2.57)
428 holomek (21.2.57)
429 famille (23.2.57)
430 leben (15.3.57)
431 tief graben (26.2.57)
433 ko (26.2.57)
435 weiß/schwarz (27.2./10.9.57)
438 oktoberrevolution ungarn (27.2.57)
441 strickleiter (13.3.57)
444 abschied (22.3.57)
445 ATHENER (10.4.57)
446 der busch (15.4.57)
448 englische gedichte (17.4.57)
451 gemeinschaftsarbeit (mit friederike mayröcker, 27.5.57)
453 ein blick durch ein fernrohr (29.5.57)
456 autobus nach rust (6.57)

458 aladdins wanderlumpe (6.57)
461 still (7.57)
462 manchmal schreibe ich (57 oder 58)
463 viele züge fahren nach paris, während (6.7.58)
464 der fluß läuft (3.9.60)
465 3 aphorismen (11.61)
466 der schweizergardist (62)
467 perlfang (62)
468 zertretener mann blues (62)
469 heute (62)
470 nach schluß (62)
471 erstarrt gegenüber (5.62)
472 wald und fabrik (ca. 62)
473 börse (19.5.62)
474 wasser (31.5.62)
475 nach der ernte (6-)
476 ein schulmädchen (6-)
477 ausgang (20.5.62)
478 bier (6.6.53/20.5.62)
479 bruder (31.5.62)
480 an mein haus (3.8.62)
481 laterne, hinter bäumen (3.8.62)
482 entstehung der orangen (62 oder 63)
483 ins theater (6-)
485 listen (2.3.63)
486 hans der geiger (3.5.63)
487 mars (15.5.63)
488 aspang, n.ö. (7.63)
489 das hundelvieh (7.63)
490 vaters farm (28.9.63)
491 fünf (28.9.63)
492 körperfragen (5.10.63)
493 ein lied (27.10.63)
494 for the one and only gertrude stein (23.12.63)
495 schneemann (23.12.63)
496 hernach unter (63)
497 vergelts
498 kopfobst (28.12.63)
499 red (don't; go; pain) (2.3.64)
501 infektionspoesie (8.64)
503 erster weltkrieg (8.64)

504 erst habe ich mich umgebracht (31. 10. 64)
505 verständigung (3. 11. 64)
506 bei tag (13. 11. 64)
507 schwulschwül (2. 2. 65)
509 das problem der sinnlosen anwesenheit (8. 65)

aus ordnern und mappen 1

513 Vor der Entscheidung. (3. 3. 43)
514 (ohne Titel) (2. 44)
515 fenster *(ende 40er)*
516 dunkle straßen (16. 11. 51)
517 vergessenes (4. 52)
518 nach neuen bergen (25. 6. 52)
519 das gleiche (13. 7. 52)
520 entwicklung staatsbürgerlichen denkens in 4 phasen mit anmerkungen (13. 7. 52)
522 zerbrochenes dreieck (26. 7. 52)
523 so trage ich wieder den koffer (10. 7. 53)
524 programmatisch (2./3. 11. 53)
525 nach emmerich (11. 12. 53)
526 gespräch im sitzen *(um 53/4)*
527 wolke (3. 4. 54)
528 im kopf (29. 6. 54)
529 den rostigen rollbalken herunterlassen (3. 7. 54)
530 wenn ich denke, wohin du (14. 8. 54)
531 du warst bei mir (12. 12. 54)
532 gegen eine fliege (27. 1. 55)
533 schwalben (22. 2. 55)
534 eine begegnung
535 violinenkonzert (21. 2. 56)
536 fuß und lampe (25. 2. 56)
537 unbeirrbar (31. 8. 53/14. 7. 56)
538 cool jazz (1. 57)
539 stiegenhaus (1. 57)
540 magische blätter (4.52/10. 3. 57)
541 abelard (6. 57)
542 brindisi
543 die zeit (*57*)
544 du bist nicht zurückgekommen, *(50er)*
545 ich *(50er)*

546 menetekel *(50er/ende 60er)*
547 strophen (1)
547 dicke männer (6.7.52)
547 unter schmutzigen schuhen hier (13.7.53)
547 ich kam vorbei (31.8./29.9.53)
547 schmutz und schund
548 fragmente aus dem konvolut »maria magdalena« *(um 53)*
548 vom anfang *(um 53)*
549 während (neue fassung)
550 es grau (25.11.64)
551 fahrt im motorboot (4.8.62)
552 sie hält ihn (25.3.63)
553 erde/erbe (7.9.63)
554 anscheinende (15.9.63)
555 er geht (21.9.63)
556 entstehung der lilie (28.9.63)
557 LYRISCHE MONTAGEN 1963
560 simple maths (1.12.64)
561 gedicht in zwei versionen (4.4.65)
562 vor einem schwarzen blatt schweigen (20.4.65)
562 regressiv *(60er)*
564 hilferufe *(60er)*
565 ein kühles *(60er)*
566 bäume und blumen : ein stück

Anhang

569 Nachbemerkung und editorische Notiz

581 Nachweise und Anmerkungen

Der Verlag weist ausdrücklich darauf hin, dass im Text enthaltene externe Links vom Verlag nur bis zum Zeitpunkt der Buchveröffentlichung eingesehen werden konnten. Auf spätere Veränderungen hat der Verlag keinerlei Einfluss. Eine Haftung des Verlags ist daher ausgeschlossen.

MIX
Papier aus verantwortungsvollen Quellen
FSC® C014496

Verlagsgruppe Random House FSC® N001967

Satz: Greiner & Reichel, Köln
Druck und Bindung: GGP Media GmbH, Pößneck

ISBN 978-3-630-87481-4

www.luchterhand-literaturverlag.de
www.facebook.com/luchterhandverlag
www.twitter.com/luchterhandlit